구원과 전도에 관한 오해 21가지

| R. 래리 모이어 지음 • 정진환 옮김 |

21 Things God Never Said

생명의말씀사

21 THINGS GOD NEVER SAID
by R. Larry Moyer

Copyright ⓒ 2004 by R. Larry Moyer
under the title *21 Things God Never Said*
:*Correcting Our Misconceptions About Evangelism*
Originally published in the USA by Kregel Publications,
Grand Rapids, Michigan.
All rights reserved.

Korean Edition published by Word of Life Press, Seoul 2006.
Translated and printed by permission.
Printed in Korea.

구원과 전도에 관한 오해 21가지

ⓒ 생명의말씀사 2006

2006년 3월 1일 1판 1쇄 발행
2006년 5월 15일   2쇄 발행

펴 낸 이 | 김창영
펴 낸 곳 | 생명의말씀사
등   록 | 1962. 1. 10. No.300-1962-1
주   소 | 110-101 서울 종로구 송월동 32-43
전   화 | (02)738-6555(본사), (02)3159-7979(영업부)
팩   스 | (02)739-3824(본사), 080-022-8585(영업부)

기획편집 | 윤나영, 이은정
편집디자인 | 박소정
표지디자인 | 디자인부
인   쇄 | 우림문화사
제   본 | 정문바인텍

ISBN 89-04-10078-X

저작권자의 허락없이 이 책의 일부 또는 전체를 무단 복제,
전재, 발췌하면 저작권법에 의해 처벌을 받습니다.

21 Things God Never Said

머·리·말

하나님께서 의도하시는 전도는 고통이 아니라 특권이다. 전도는 기쁨이지 두려움이 아니다.

그러나 불행하게도 신자들에게 전도가 항상 특권으로 보이는 것만은 아니다. 그 이유 중 하나는, 전도란 "복음이라는 진리"를 전하는 것인데, 어떤 사람들은 신화를 선전하기 때문이다. 이런 오해 때문에 복음 전하는 일이 무엇인지 분명치 않게 된 것이다.

바울은 디모데에게 진리의 말씀을 옳게 분변하라고 권면하고 있으며 딤후 2:15, 하나님도 이것을 간곡히 부탁하신다. 그렇지만 어떤 사람들은 복음이나 구원에 대해 이야기하면서 너무나 자주 문맥에서 벗어난 구절을 인용한다. 그 결과, 다른 신자들은 스스로 전도의 열정이 없다며 죄책감을 느끼거나, 아니면 두려움이나 수치심 때문에 전도해야겠다고 생각하는데, 하나님은 결코 이런 것으로 동기 부여를 하지 않으신다.

전도에 대한 정확하고 성경적인 접근만이 모든 것을 분명하게 한다. 이 책은 많은 잘못된 견해를 바로잡음으로써, 하나님의 분명한 메시지를 전달하기 위한 것이다.

하나님께서 우리에게 주신 전도의 특권은 정말 감당할 수 없는 것이다. 사람들이 영원을 어디에서 보낼지를 결정하는 특권이기 때문이다. 이것을 이해한다면 신자들은 자신들이 구원받을 때와 마찬가지로, 죄책감 때문이 아니라 은혜 때문에 전도하게 될 것이다.

하나님이 이 책을 통해, 우리들이 성경적인 관점으로 전도에 접근하도록 해주시기를 바란다. 또한 하나님을 흥분시키는 그 일, 곧 잃어버린 자를 그리스도께 인도하는 일에 당신도 흥분하기 바란다!

역·자·서·문

한국의 장로교회가 전통을 지키며 예정론을 너무 강조하고, 교인들은 복음을 확신하지 못하는 분위기에서 전도의 고삐를 늦추고 있을 때, 학생 운동의 기치를 들고 복음주의가 이 땅에 신선한 전도의 새바람을 일으켜 구령 운동이 휩쓸었고, 또 한편에서는 한국의 경제 성장과 더불어 교인들의 축복과 번영을 강조하는 전도 방식이 세력을 넓혀 갔다. 그러나 너무 피상적이고, 단순한 영접 과정을 되풀이하는 복음주의 전도 방식도, 번영과 축복을 너무 강조하는 기복 신앙도 하나님의 온전한 뜻을 이루지 못하고, 교회는 균형을 잃고 비틀거리고 있다. 그런 틈을 타서 온갖 이단들이 마치 복음을 자기들만 전하는 양, 가장 새로운 사실인 양, 과장하면서 기존 교회를 무시하고 교인들을 끌어가고 있다.

이 책은 노련한 전도자가 오랜 경험과 성경 연구를 바탕으로 균형을 잃지 않고, 전도, 구원, 복음, 성경에 대하여 한국 교회가 알아야 할 사실과 오해를 알기 쉽게 서술하고 있다. 어느 한 쪽으로 치우치기 쉬운 각자의 교회 전통이나 복음주의의 단순함이나 이단의 가르침을 능히 극복하고, 이 시대에 올바른 복음적인 교회를 세우는 데 이 책이 큰 역할을 감당할 것으로 안다. 구원받은 날짜를 기억해야 된다든지, 그리스도인은 죄인들과는 상종하지 말아야 한다든지, 예수를 그냥 영접하기만 하면 된다든지, 입은 다물고 불신자들 가운데서 그리스도인의 삶을 살기만 하면 된다든지, 구원받은 사람은 다시는 죄를 짓지 않는다든지……하는 등의 이야기의 진위를 잘 설명하여 마음 편히 전도하며 즐겁게 살도록 격려하고 있다.

21 Things
God Never Said

■ 머리말 _4
■ 역자 서문 _6

오해 1 | 구원받은 날짜를 모르면, 구원받은 것이 아니다. _11

오해 2 | 전도하지 않으면, 그리스도인이 아니다. _23

오해 3 | 불신자들과 교제해서는 안 된다. _30

오해 4 | 예수님만 영접하면 무조건 구원받는다. _40

오해 5 | 전도하지 못했다면, 그 사람이 지옥에 가는 것은 내 책임이다. _49

오해 6 | 전도하려면, 먼저 믿는 바를 변증할 수 있어야 한다. _57

오해 7 | 전도가 두렵다면, 전도의 은사를 받지 못한 것이다. _66

오해 8 | 불신자들을 위해 울지 않는다면, 효과적으로 전도할 수 없다. _74

오해 9 | 그리스도 외에 사람의 공로가 필요하다고 믿더라도 구원받을 수 있다. _83

오해 10 | 구원을 의심하면, 구원받은 것이 아니다. _96

구원과 전도에 관한 오해 21가지

CONTENTS

오해 11 | 꼭 전도해야 할 필요는 없다. 그저 그리스도인답게 살면 된다. _106

오해 12 | 전도의 은사를 받은 사람만 전도하면 된다. _115

오해 13 | 죄를 버리고 돌아설 생각이 없다면, 구원받을 수 없다. _122

오해 14 | 주 안의 형제 자매를 사랑하지 않으면, 구원받은 것이 아니다. _135

오해 15 | 예수께 나오기만 하면, 건강하게, 부유하게 만들어 주신다. _142

오해 16 | 구원받으려면 전부를 바쳐야 한다. 하나님은 일부는 받지 않으신다. _155

오해 17 | 선택받은 사람은 결국 구원받는다. 굳이 전도할 필요가 없다. _166

오해 18 | 이단에게 전도하려면, 그 종교에 대해 알아야 한다. _175

오해 19 | 사람들 앞에서 예수님을 고백하지 않으면, 구원받을 수 없다. _184

오해 20 | 바르게 살기 전까지는 전도하지 말아야 한다. 오히려 해가 된다. _195

오해 21 | 하나님은 전도 실적을 보신다. 충분한 수를 채워야 한다! _205

■ 부록 : 전도지_ "질문 하나 해도 될까요?" _215

MISCONCEPTION 오해 1

구원받은 날짜를 모르면, 구원받은 것이 아니다.

한가한 농촌 마을, 창밖에는 가을 바람이 상쾌하게 불고 있었다. 우리의 대화는 따뜻했고, 그 집 남편은 나와 마주앉아 자신이 구원받은 날 일어난 놀라운 변화에 대해 이야기하고 있었다. 그런데 그의 아내는 어쩐지 불편해 보였다. 그들 부부는 둘 다 그리스도만 의지하여 구원받는다는 사실을 분명히 알았다. 그런데 한 사람은 구원받은 사건에 흥분해 있는데, 왜 다른 한 사람은 불편해 하는 것일까?

번뜩 이런 생각이 스쳐 지나갔다.

'이 부인은 혹시 자신이 주님을 만난 정확한 날짜를 말할 수 없어서 불편해 하는 것은 아닐까?'

그래서 나는 이렇게 말했다.

"우리가 흥분하는 것은, 내가 그리스도만을 의지하여 구원받은 것 때문이지, 언제 구원받았는지와는 상관이 없어요."

그의 아내의 눈이 빛났다.

"그것이 제 문제였어요. 저는 구원의 메시지를 이해했고, 제가 그리스도를 의지했다는 사실을 알고 있었지만, 단지 그 일이 일어난 날이 언제인지 말할 수 없었어요. 저는 목사님이 제게 구원받은 날이 언제냐고 물을까봐 두려웠어요. 제게는 이 일이 점진적으로 일어나서 언제부터인가 제가 구원받았다는 것을 사람들에게 말할 수 있게 되었거든요."

영적으로 무엇인가를 추구하던 10대에, 나도 그렇게 날짜를 강조하는 잘못된 소리를 들었다. 안타깝게도 전도자에게 말이다. 그는 권위 있는 목소리로 경고했다.

"만약 구원받은 날을 알지 못한다면, 그건 구원받지 못한 것입니다."

이제 생각해 보니, 그 전도자가 정확한 일자, 즉 10월 16일 같은 구체적인 날짜를 의미한 것이 아니었음을 알 것 같다. 그는 생생하게 기억하여, 그날을 돌이켜보며 "나는 분명히 기억해. 그날 나는 구원받았어!"라고 할 수 있어야 한다는 것이었다.

그러나 당시에 나는 혼란스러웠다.

'다시 그리스도께로 나아가야 하는 걸까?'

하지만 이미 한 번 했는데 또다시 그러는 것은 어리석게 생각되었다.

'그렇지만 구체적인 날짜를 제시하지 못하면, 하나님과 나 사이에 문제가 생기는 것은 아닐까?'

나는 혼란스러웠고, 좌절을 느꼈고, 두려웠다.

정확한 날짜를 강조하면 복음에 어떻게 방해가 되는 것일까?

첫째, 구원을 의심하게 되면 다른 사람에게 그리스도를 전하는 자유와 기쁨을 빼앗긴다. 내가 의문점을 갖고 있는데, 어떻게 다른 사람들에게 천국의 환희를 전할 수 있겠는가? 처음 그리스도께 나 자신을 의탁하고 나서, 나는 모든 사람들이 나처럼 천국을 소유할 수 있다는 사실을 알기 바랐다. 그러나 '나 자신은 구원받은 정확한 날짜를 모르면서 어떻게 이렇게 하면 구원받는다고 말할 수 있겠어?' 하는 주저함이 있었다. 마치 한 발은 브레이크에, 한 발은 액셀러레이터에 올려 놓은 기분이었다. 나는 앞으로 나아가고 싶었지만 그렇게 할 수 없었다.

둘째, 날짜를 강조하는 방식은 사람들에게 접근하는 데 방해가 된다. 어떤 사람이 구원받았다고 선언하면서도 "언제 그 구원의 선을 넘었는지" 정확한 날짜를 모른다고 할 때, 무슨 말을 하겠는가?

성경은 무엇을 강조하는가?

내가 십대 때 들었던 전도자의 말에 무슨 문제가 있는가? 성경은 결코 그런 선언을 한 일이 없다.

요한복음은 어떻게 해야 영생을 얻을 수 있는지 잘 설명하고 있다. 다음 구절들을 읽고, 구원받은 날짜를 알아야 한다는 말이 몇 번이나 언급되고 있는지 살펴보라.

이는 저를 믿는 자마다 영생을 얻게 하려 하심이니라 요 3:15.

하나님이 세상을 이처럼 사랑하사 독생자를 주셨으니 이는 저를 믿는 자마다 멸망치 않고 영생을 얻게 하려 하심이니라 요 3:16.

저를 믿는 자는 심판을 받지 아니하는 것이요 믿지 아니하는 자는 하나님의 독생자의 이름을 믿지 아니하므로 벌써 심판을 받은 것이니라 요 3:18.

아들을 믿는 자는 영생이 있고 아들을 순종치 아니하는 자는 영생을 보지 못하고 도리어 하나님의 진노가 그 위에 머물러 있느니라 요 3:36.

내가 진실로 진실로 너희에게 이르노니 내 말을 듣고 또 나 보내신 이를 믿는 자는 영생을 얻었고 심판에 이르지 아니하나니 사망에서 생명으로 옮겼느니라 요 5:24.

예수께서 가라사대 내가 곧 생명의 떡이니 내게 오는 자는 결코 주리지 아니할 터이요 나를 믿는 자는 영원히 목마르지 아니하리라 요 6:35.

내 아버지의 뜻은 아들을 보고 믿는 자마다 영생을 얻는 이것이니 마지막 날에 내가 이를 다시 살리리라 하시니라 요 6:40.

진실로 진실로 너희에게 이르노니 믿는 자는 영생을 가졌나니 요 6:47.

예수께서 가라사대 나는 부활이요 생명이니 나를 믿는 자는 죽어도 살겠고 무릇 살아서 나를 믿는 자는 영원히 죽지 아니하리니 이것을 네가 믿느냐 요 11:25-26.

오직 이것을 기록함은 너희로 예수께서 하나님의 아들 그리스도이심을 믿게 하려 함이요 또 너희로 믿고 그 이름을 힘입어 생명을 얻게 하려 함이니라 요 20:31.

이 모든 구절에서 구원받은 날짜를 알아야 한다고 몇 번이나 언급하고 있는가? 한 번도 없는가? 바로 그것이 정답이다. 성경이 구원의 확신을 언급할 때는, 날짜가 아니라 그 사실 자체를 의미하는 것이다. 정말 중요한 질문은 "나는 지금 누구를 의지하는가?"이다. 그리스도만을 의지한다면, 언제, 어디서 그 경계선을 넘었는지에 상관없이 우리는 구원받은 것이다. 즉 구원은 우리가 '누구'를 의지하느냐에 있지, '언제' 그리스도를 믿었느냐에 있는 것이 아니다.

구원받은 특정한 날이 존재하는가?

하나님의 자녀가 된다는 것은 어느 순간에 일어나는 것인가, 아니면 과정을 거치는 것인가? 물론 "그가 우리를 흑암의 권세에서 건져내사 그의 사랑의 아들의 나라로 옮기신" 순간이 있다골 1:13. 그러나 구원의 메시지를 이해하기까지는 몇 날, 몇 달, 몇 해가 걸리는 수도 있다. 물론 사탄의 나라에서 하나님 나라로 옮기는 것은 순간에 일어나겠지만, 성경은 언제 옮겼는지 정확한 일자를 알아야 한다고 가르치지 않는다.

어떤 특별한 회심의 경우, 주님을 만난 구체적인 순간에 대해 성경에 기록되어 있는 것은 사실이다. 예를 들어, 바울의 회심은 사도행전 9장에서 읽을 수 있다. 그는 이 회심의 사실을 사도행전 22장에서, 그리고 26장에서 거듭 언급한다. 그가 주님을 만난 그날은 그의 마음에 너무도 선명하다. 그리고 정오 즈음이라는 시간까지도 분명하다. 그는 눈부신 빛과 하늘로부터 들린 우레 같은 소리를 자세히 이야기하고, 자신이 땅에 쓰러지면서 주님께 반응한 극적인 경험을 고백한다.

에티오피아 내시도 주님을 만난 그날에 대해 자세히 말해줄 수 있을 것이다. 사도행전 8:26-39에서 그 자세한 내용을 읽을 수 있듯이, 그가 친구들에게 이렇게 이야기하는 모습을 쉽게 상상할 수 있다. "내가 예루살렘에서 예배를 마치고 돌아오는 길에 말일세, 이사야서를 읽고 있는데 갑자기……." 그리고 그는 빌립을 만난 일을 이야기하고, 그리스도가 진실로 하나님의 아들이심을 깨닫게 되었다고 말했을 것이다. 그도 바울처럼 자신이 회심한 날을 구체적으로 언급했을 것이다. 내시는 그리스도를 믿고, 바로 세례를 받았다. 그리고 나자 빌립은 어디론가 사라져 버렸다.

어디선가 나타나서 한 사람을 주님께 인도하고 갑자기 사라져 버린 경우는, 그 당사자의 마음속에 지울 수 없는 인상으로 남을 것이다. 이런 특별한 경우, 그날을 분명히 기억하지 못하는 사람이 있겠는가? 그러나 바울이나 에티오피아 내시처럼 우리 역시 어둠에서 빛으로 옮긴 그 순간을 선명하게 기억해야 한다고 주장하는 것은 성경을 잘못 이해한 것이다.

구원은 개인적인 결단으로서, 누구도 대신해 줄 수 없다고 성경은 강조한다. 그리고 그리스도만이 구원의 길이라는 사실도 분명하다. 마찬가지로, 우리가 어둠의 자식에서 빛의 자녀로 옮기운 특별한 순간이 있다는 것도 분명하다. 우리는 우리가 "누구의 것"이며, 왜 우리가 "그분의 것"인지를 알아야 한다. 또한 개인적으로 그리스도만을 의지함으로써, 그의 대속적인 죽음을 통해서만 구원받음을 알아야 한다. 그러나 이 사건이 일어난 정확한 순간을 알아야 한다는 말은 들은 적이 없다.

구원받은 날짜를 강조하는 잘못은 왜 생기는가?

우리는 전도할 때 항상 이렇게 묻지는 않는다.
"이것이 정말 성경이 가르치는 것인가?"
우리는 너무 쉽게 성경을 옆으로 밀쳐 놓는다. 그리고 나서 성경적인 진리 여부는 살피지 않고 선언적인 말을 한다.

전도를 하다 보면, 이렇게 말하는 사람들이 있다. "나는 언제나 그리스도인이었어요." 이 말은 사실 "나는 그리스도인이 된 적이 없어요."라는 의미이다. 우리는 그리스도인으로 태어나는 것이 아니라 죄인으로 태어난다. 죄는 아담으로부터 시작되었으며, 그래서 모든 인간은 하나님 앞에 죄인으로 서 있는 것이다. 성경은 이렇게 말한다. "이러므로 한 사람으로 말미암아 죄가 세상에 들어오고 죄로 말미암아 사망이 왔나니 이와 같이 모든 사람이 죄를 지었으므로 사망이 모든 사람에게 이르렀느니라"롬 5:12. 사람들의 경각심을 일깨우기 위해 열심 있는 전도자는 이렇게 말한다. "만약 구원받은 날짜를 모른다면, 그것은 구원받은 것이 아닙니다." 그러나 사람들이 죄인임을 깨닫게 하기 위해서라도, 성경에 없는 사실을 주장하는 것은 잘못이다.

더 나은 접근방법은 이러하다.

(1) "당신이 지금 죽는다면 천국에 간다는 확신이 있습니까?"
(2) "당신이 하나님 앞에 섰을 때, 하나님께서 '왜 내가 너를 천국에 들여보내야 하느냐?' 고 물으신다면 당신은 무엇이라고 답변하겠습니까?"

펜실베이니아 전도집회로 떠나기 전날, 나는 잠을 이루지 못했다. 그래서 비행기가 움직이기 시작하자 끄덕끄덕 졸기 시작했다. 그렇게 비행기의 흔들림에 몸을 맡기고 단잠에 빠졌다. 2시간쯤 지나 잠을 깬 후 나는 옆에 앉은 사람과 이야기를 나누기 시작했다. 그는 내가 영적 주제에 관한 책을 갖고 있는 것을 보고 "혹시 목사님이신가요?"라고 물었다. 내가 그렇다고 하자, 그는 개인적인 문제를 털어놓았다. 아내가 자신을 떠났다는 것이다. 그는 매우 황폐한 상태였다. 하지만 비행기가 곧 착륙하여 더 길게 이야기할 수 없었다. 그는 주일에 댈러스로 돌아온다고 했다. 나는 이렇게 제안했다.

"제가 전화를 드릴테니 만나서 더 이야기를 나누면 어떨까요? 꼭 도와드리고 싶습니다."

나는 전화번호를 교환하면서 그에게 전도지부록 참조를 건네 주었다.

월요일에 댈러스로 돌아온 나는 약속대로 전화를 걸었다. 알고 보니 그 사람은 유명한 축구선수였다. 그는 7년을 함께 산 아내가 왜 자기를 떠났는지 이야기하면서 서로 잘못이 있었다고 했다. 나는 연민의 정을 가지고 이야기를 들어준 후, 이렇게 말했다.

"비록 결혼 생활은 끝났지만, 인생은 끝나지 않았습니다. 하나님은 아직도 좋은 일이 일어나기를 원하고 계시며, 당신을 사용하기를 원하십니다."

모든 것이 그리스도와의 개인적인 관계에서부터 시작된다는 사실을 나누고, 나는 이렇게 물었다.

"이런 확신을 이전에 가진 적이 있습니까? 만약 당신이 오늘 죽는다면 천국에 갈 것을 믿습니까?"

그는 그렇다고 대답했다.

이런 상황에서 어떤 사람들은 이렇게 물을 수도 있을 것이다.

"정확히 언제 그리스도 앞으로 나아왔습니까?"

이 때 만일 대답을 못하면, 그가 복음을 이해하지 못하고 있다고 지레짐작하고 말 것이다. 그런 우를 범하지 않으려고 나는 이렇게 물었다.

"당신이 하나님 앞에 섰을 때, 하나님께서 '왜 내가 너를 천국에 들여보내야 하느냐?' 고 물으신다면 무엇이라 대답하시겠습니까?"

그는 자신이 옳은 일을 하고 선한 삶을 살려고 애를 썼다고 대답했다. 나는 다시 물었다.

"하나님께서 그 대답을 받아들이지 않으시면, 뭐라고 하시겠습니까?"

그는 놀라는 눈치였다. 나는 "복음의 좋은 소식/나쁜 소식" 부록 참조을 죽 설명하면서, 영원한 생명은 그냥 주시는 선물이라고 했다. 그는 성경 말씀을 자신의 눈으로 확인하면서 놀라워했다. 우리는 음식을 놓고 함께 기도했고, 그는 구원하시는 그리스도를 의지한다고 하나님께 고백했다. 그리고 하나님께서 그날 내 옆 좌석에 앉게 하신 것을 감사한다고 했다. 우리는 다시 만나기로 약속했고, 그는 제자훈련을 시작했다.

어떤 사람은 그날을 알고, 어떤 사람은 모른다

많은 사람들이 구원받은 순간을 정확히 기억하는 것은 회심이 극적이었기 때문이다. 아마도 배우자를 잃거나, 직장을 잃거나, 아니면 불치병 진단을 받은 후에 그런 경험을 했을 것이다. 감당할 수 없는 사고나, 특별한 중독과 관련될 경우도 있다. 심각한 우울증으로 자살을 생각하던 사람들 가운데 영적 필요를 발견하는 사람도 있다.

일리노이의 한 교회에 설교하러 갔을 때, 한 사람과 이야기하면서 이렇게 물었다. "언제 주님을 알게 되었습니까?" 순간 그의 얼굴이 환해졌다. "1991년 3월 16일, 오후 9시 45분이지요." 그의 회심의 경험을 들어 보니, 그가 왜 그 순간을 그렇게 똑똑히 기억하는지 이해할 수 있었다.

학생이었던 그는 당시 여자 친구를 태우고 운전중이었다. 그 여자 친구는 믿음의 열정이 가득한 상태였기에 그와 나누고 싶어했다.

"하나님이 무엇이든지 하나만 구하라고 하신다면, 뭘 구할 거니?"

그는 갑자기 흐느끼기 시작했다. 깜짝 놀라는 친구에게 그는 자신이 하나님을 멀리 떠나 있다고 고백했다. 동성애에 빠져 살면서 하나님이 자기와는 아무런 관계도 원치 않으실 것이라 생각하고 있었던 것이다. 여자 친구는 복음을 설명하면서 이 젊은이를 그리스도께로 인도했다. 그는 삶이 다 파괴된 지경이었기 때문에 그 자리에서 눈물을 흘리며 회심했다. 그런 사람이 그날, 그 시간을 잊을 수 있겠는가?

그러나 모든 사람의 회심이 이렇게 극적인 것은 아니다. 어떤 사람들은 자유주의 교회에 다녔기에 아무도 복음을 설명해 주지 않아서 구원받지 못한 경우도 있다. 그런데 성경적인 교회에 출석하면서 그리스도께서 죄인을 구원하신다는 사실을 배운다. 은혜의 복음이 선포되고, 그들은 그리스도를 의지하고 영원한 생명을 얻는다. 그들이 그리스도 안에서 자라가다가 문득 이런 생각을 하게 된다.

'가만 있자, 몇 년 전 자유주의 교회를 다닐 때는 내가 구원받지 못했잖아.'

이런 사람들은 간증할 때 "나는 그때 길을 잃었으나, 이제는 찾았습니다!"라고 분명히 고백한다. 어떤 때는 그들이 구원받은 날짜를 정확히 대지 못한다. 그들은 그냥 구원받은 사실을 알고 있을 뿐이다.

한 신자가 이렇게 말했다.

"내가 언제 그리스도를 신뢰하게 되었는지 구체적인 일자는 말할 수 없습니다. 대학에 입학하고 몇 개월 사이였을 것입니다. 그러나 확실한 것은 예수 그리스도께서 나를 위해 죽으시고 다시 살아나셨다는 사실입니다."

모든 사람들이 구원받은 날짜를 기억해야 된다고 강조하는 것은 하나님께서 다양한 환경의 사람들을 구원하신다는 것을 무시하는 것이다.

물론, 한 사람의 영원한 장래가 변화되는 특별한 한 순간이 있는 것만은 사실이다. 그러나 성경이 구원의 확신을 언급할 때는, 날짜가 아니라 그 사실 자체를 의미하는 것이다. 당신이 그리스도만을 의지한다면, 언제 그 신비한 일이 일어났는지와는 상관없이 당신은 구원받은 것이다.

왜 날짜가 아니라 사실이 중요한가?

첫째로, 우리의 안전은 '언제'가 아니라 '누가' 우리를 구원했느냐에 좌우되기 때문이다. 우리는 '언제'와 상관없이 '그의 것'이 되었기 때문에 구원받은 것이다. 하나님께서 강조하시는 부분을 우리도 강조해야 한다. 그리스도는 우리에게 확신을 주신다. "나를 믿는 사람은 영원한 생명을 가졌다" 요 6:47, 현대인의성경.

둘째로, 우리가 간증할 때, '언제' 구원받았느냐는 별로 도움이 되지 않는다. 내가 구원받은 '그때'에 지금 다른 사람이 구원받을 수는 없다. 그 순간은 이미 지나가 버렸다. 모든 사람은 내가 예전에 그랬듯이 그리스도께 나아와야 한다. 죄인으로서 그리스도를 의지하는 것이다. 구원받은 날짜를 아는가? 날짜를 이야기해도 좋지만, 가장 도움이 되는 것은 어떻게 구원받았는지를 이야기하는 것이다. 구원은 믿음으로 얻는 은혜이다.

셋째로, 날짜가 아니라 사실이 중요한 이유는, 많은 사람들이 그리스도를 만났을 때 바로 그날을 구원받은 날로 생각한다는 것이다. 영생이 실제로 이루어지는 것은 몇 주, 몇 개월 후에 그들이 참으로 복음을 이해하게 될 때인 것이다.

나도 아마 이런 부류에 속할 것이다. 나는 시골 목장에서 자라면서 혼자 성경공부를 하다 복음을 깨달았다. 목장 일을 할 때 영생은 거저 주어지는 것이라는 사실에 몰입해 있던 나는, 땀이 얼굴을 타고 흘러 내리는 것도 느끼지 못할 정도였다. 이 진리를 깨달았을 때, 나는 침대 옆에 무릎을 꿇고 그리스도께 자신을 드렸다. 그리고 후에 필라델피아 신학교에 들어가 하나님의 은혜와 영생에 관해 배우면서 몹시 흥분했다. 나는 생전 처음으로 하나님의 무조건적인 사랑을 붙잡았다. 그 이후 내가 그날 밤 농가에서 정말 그리스도께 헌신했는지 때때로 의아스러웠다. 혹시 신학교 들어간 첫해에 구원받은 건 아닌가 해서였다. 언젠가 분명히 밝혀질 날을 기대한다.

넷째로, 날짜를 강조하다 보면 사람들, 특히 어린이들을 혼란에 빠뜨릴 수 있기 때문이다. 어린이들은 점점 자라면서 이해력이 커간다. 그때 그들은, 예전에 그리스도께로 나아왔다고 생각했을 때 정말 구원받았는지 질문해 본다. 그리고 그들이 그리스도만을 의지해서 구원받았다는 사실을 알고 안심한다. 구원이 일어난 순간이 언제인가 하는 것은 문제가 되지 않는다.

감수성이 예민한 성경대학 1학년 여학생이 한번은 눈물을 흘리며 고백했다. "목사님 말씀을 듣고 제 안의 큰 짐을 벗었습니다. 이제 완전히 자유롭습니다." 그녀의 부모님은 그녀가 어렸을 적에 그리스도께로 나아왔다고 말해 주었으나, 그녀는 그때 정말 이해하고 있었는지 확신할 수가 없었다. 그러나 이제 중요한 것은 날짜가 아니라 사실임을 이해했으므로 그녀는 이렇게 말했다.

"나는 이제 내가 구원받은 것을 알고, 그 이유도 압니다."

성경적이지도 않고 또한 잘못된, 날짜에 대한 강조가 없었더라면, 이런 의문은 피할 수 있었을 것이다.

결론

만약 내가 구원받은 날짜를 안다면 주님이 높임을 받으신다. 만약 내가 정확한 일자는 모르지만, 그리스도만을 의지한다는 것을 안다면, 역시 주님이 높임을 받으신다. '누가' 우리를 구원했고 우리가 '어떻게' 구원받았는지를 이해하는 것이 중요하다. 구원받은 날짜를 정확히 기억하는 것은 그리 중요하지 않다.

> **나를** 구원하신 분이 오직 그리스도이심을 믿고 의지한다면, 나는 구원받은 것이다. 정확한 날짜를 알 필요는 없다. 중요한 것은 누가 우리를 어떻게 구원했느냐는 것이다.

MISCONCEPTION

전도하지 않으면,
그리스도인이 아니다.

　메모지와 즐겨 쓰는 펜을 꺼내라. 이제 하나님이 선물로 주신 것들을 적어보라. 물론 만질 수 있는 것들, 즉 음식, 친구, 가구 등도 나열해야 하지만, 보이지 않는 것, 즉 공기 같은 것들도 잊지 말라. 많이 기록하였으면 이제 잠시 목록을 치워 두었다가, 몇 분 후에 다시 계속하라. 그러면 무심코 지나쳤던 것들을 많이 기억해 낼 수 있을 것이다. 사실 하나님께서 주신 것을 전부 다 기록하는 것은 불가능하다.

　이제 목록을 유심히 살펴보라. 그 중에 어느 것도 영생보다 중요한 것은 없다. 내 목록에는 이해심 많은 아내가 있다. 어려울 때 나를 지탱시켜 준 것은 아내의 따스함이었다. 또한 가까운 친구들도 목록에 있다. 그러나 아내든 친구든 어떤 선물도 구원과는 비교가 안 된다. 이 선물이 놀라운 이유는, 예수 그리스도께서 우리 대신 십자가에서 죽으실 때 "다 이루었다" 요 19:30고 선포하셨기 때문이다. 그리스도를 의지함으로 우리는 영원히 하나님께 받아들여졌는데, 이는 우리가 하나님을 위해 무엇을 한 것에 근거한 것이 아니요, 그가 우리를 위해 하신 것에 근거한 것이다. 게다가 이 선물은 영원하다.

이 선물을 중심으로 한 메시지보다 더 좋은 것이 있겠는가? 사도행전 1:8 말씀대로 "내 증인"이 되는 것보다 더 놀라운 특권이 있겠는가? 이 메시지를 나누는 놀라운 특권 때문에, 신약성경에 강조되어 있는 것보다 더 전도를 당연하게 받아들인 것이 아닐까?

그러나 어떤 사람들은 이 기회를 한 걸음 발전시켜, "그리스도를 전하지 않는다면 너는 그리스도인이 아니야!"라는 경고를 덧붙인다. 이 말은 "넌 이제부터 더 이상 그리스도인이 아니야."라는 뜻이 아니라, "너는 지금까지 그리스도인이라고 생각만 한 것이지 참 그리스도인이 아니었어."라는 의미이다. 그들은 "네가 그리스도인이라면 당연히 다른 사람들에게 그리스도를 전하지 않겠어?" 하고 따진다.

이 주장에 무슨 문제가 있는가?

첫째는, 성경에서 그런 구절을 하나도 발견할 수 없다는 것이다. 영생을 얻는 유일한 조건은 "누구든지 믿는 자마다"라는 것이다. "누구든지 믿고, 또 다른 사람에게 나를 증거하는 자"라는 조건은 없다. 성경에서 가장 잘 알려진 요한복음 3:16은 이렇게 선언한다. "하나님이 세상을 이처럼 사랑하사 독생자를 주셨으니 이는 저를 믿는 자마다 멸망치 않고 영생을 얻게 하려 하심이니라." 분명 성경은 "누구든지 저를 믿고 '또 다른 사람에게 전하는 자' 마다"라고 하지 않았다.

둘째는, 신약성경에 기록된 수많은 회심자들 가운데, 다른 사람들에게 예수님을 전하는 것이 구원의 조건으로 주어진 일이 없다는 것이다. 두

드러진 기록은 요한복음 4장의 사마리아 여인 이야기이다. 그 여인은 자신이 이야기하고 있는 상대가 약속된 메시아임을 확신했다. 그러자 "물동이를 버려두고 동네에 들어가서 사람들에게 이르되 나의 행한 모든 일을 내게 말한 사람을 와 보라 이는 그리스도가 아니냐"요 4:28-29라고 했다. 그리고 계속 읽어가다 보면 이런 기록을 읽게 된다. "여자의 말이 그가 나의 행한 모든 것을 내게 말하였다 증거하므로 그 동네 중에 많은 사마리아인이 예수를 믿는지라"39절. 그 여인이 전도에 열정을 갖게 된 것은 그리스도가 약속된 메시아라는 확신의 결과였다. 그것은 그 여인에게 구원의 조건은 아니었다. 같은 장 10절은 그리스도가 그 여인을 구원하는 조건이 무엇인지를 말해 준다. "예수께서 대답하여 가라사대 네가 만일 하나님의 선물과 또 네게 물 좀 달라 하는 이가 누구인 줄 알았더면 네가 그에게 구하였을 것이요 그가 생수를 네게 주었으리라." 그 외의 다른 경우도 같은 메시지를 전하고 있다. 다른 사람들에게 그리스도를 전하는 것은 결코 구원의 조건이 아니다. 우리가 주의 은혜 가운데 자라가면서 구원의 결과로 나타나는 것이다.

셋째는, 상식으로 이해할 수 없다는 것이다. 선물에 무슨 조건이 따른다면, 그것은 이미 선물이 아니다. 한 친구가 이런 제안을 했다고 하자. "산속 콘도를 네게 주고 싶어. 너는 평생 공짜로 살 수 있어. 명의 이전에 필요한 모든 서류는 이미 준비해 두었어. 이 선물을 받아 주겠니?" 물론 나는 흥분된 마음으로 친구의 선의에 감사하면서 그 집으로 들어갈 것이다. 그리고 발을 시원한 산속 개울에 담그고, 근처에서 풀을 뜯는 사슴을 카메라에 담고, 드러누워 나뭇가지들이 부딪치는 소리를 들을 것이다. 그리고 밤에는 장작불을 지피고 차를 마실 것이다. 그렇게 1년을 살았는데, 콘도를 준 친구가 물었다.

"내가 준 선물에 대해 다른 사람에게 이야기한 적이 있니?"

나는 그냥 머리를 긁적인다.

"글쎄, 그런 적은 없는데……그랬어야 했는데 그랬구나. 그러나 정말 고마워하고 있어!"

그러자 그 친구가 이렇게 말한다.

"그렇다면 그 콘도는 네 것이 아니야!"

이것은 선물이 아니다. 아무 조건이 붙지 않아야 진정한 선물이다.

네 번째 문제는 심각하다. 만일 그리스도인이 되려면 다른 사람에게 주님을 전해야만 한다면 우리는 두 가지 궁지에 직면한다. 하나는 죽음 직전에 있는 사람은 구원받을 수 없다는 것이다. 여기에는 십자가의 강도도 포함될 것이다 눅 23:39-43. 전도가 구원의 조건이라면, 그럴 시간과 기회가 있어야 한다. 그런데 병원의 무균실에서나, 헬리콥터가 내려오고 구급차가 달리는 상황에서는 그것이 불가능하다. 그러나 천국에서 만나게 될 사람들 중 많은 이가 생의 마지막 순간에 그리스도께 의탁했을 것이라고 확신한다. 그들은 쇠약한 중에, 또는 혼자 있는 중에 주님을 다른 사람에게 전할 기회가 없었을 것이다. 두 번째 궁지는, 그러려면 두 가지 복음 또는 두 가지 구원의 길이 필요하게 된다. 한 가지 복음은 다른 사람에게 전할 시간이 있는 사람들을 위한 것이요, 또 하나는 그럴 시간이 없는 사람들을 위한 것이다. 두 종류의 복음이란 비성경적이다.

지금 내가 소유한 것을 소유하기 위해, 내가 아닌 다른 사람이 되기를 원하는가?

"잠깐만요, 어떻게 전도도 안 하면서 진실한 그리스도인이 될 수 있다는 거죠? 사람이 정말 구원을 받으면 그 감격이 흘러 넘쳐 다른 사람에게로 전해지지 않을까요?"라고 묻는 사람이 있을 수 있다.

　사람들은 몇 가지 이유로 전도를 하지 못하는데, 그중 하나가 거절당하면 어쩌나 하는 두려움이다. 요한복음 12:42은 좋은 예가 된다. "그러나 관원 중에도 저를 믿는 자가 많되 바리새인들을 인하여 드러나게 말하지 못하니 이는 출회를 당할까 두려워함이라." "그를 믿는다"는 말은 구원의 믿음을 의미하는 것으로 요한이 자주 사용하는 표현이다(요한복음 8:30에는 "이 말씀을 하시매 많은 사람이 믿더라"라는 표현도 나온다). 그러니까 이 관원들은 순전한 믿음을 가졌으나 그리스도를 고백하지는 않았다. 42절에서 요한은 믿는 관원들과 37-41절의 믿지 않는 사람들을 비교한다. 42절에 언급한 사람들은 그리스도를 의지하면서도 회당에서 쫓겨날 것을 두려워해 공공연히 그리스도를 고백하지는 않았다.

　한번은 어떤 여성과 영적인 문제로 이야기를 나누게 되었다. 우리는 곧 전도를 주제로 대화하게 되었다. 나는 이런 생각을 했다.
　'이 여인은 참 호감을 주는구나. 외모도, 말씨도, 사용하는 단어도 모두 훌륭해. 아주 전도를 잘할 것 같아.'
　바로 그때 그 여성이 이런 말을 했다.
　"그런데 정말 여쭤보고 싶은 것이 있어요. 저는 왜 다른 사람들에게 그리스도를 전하기를 두려워하는 것일까요?"
　나는 웃음을 참을 수 없었다.
　"거절당하지 않을까 하는 두려움 때문이겠지요."
　그 여성은 바로 맞장구를 쳤다.
　"바로 그거예요. 저는 거절을 좋아하지 않거든요."
　신약성경의 신자들이 그랬던 것처럼, 우리 역시 거절의 두려움 때문에 전도를 망설인다.

그렇다면 얼마나 자주 증거하느냐 하는 것은 구원과는 관계가 없다는 말이다. 중요한 것은 믿음의 대상이 누구냐 하는 것이다. 죄인임을 인정하는가? 그리스도께서 우리를 대신하여 죽으시고 다시 부활하셨음을 믿는가? 오직 그리스도만을 의지하는가? 그렇다면 다른 사람들에게 그리스도를 전하려는 마음이 들어야만 한다. 그러나 증거를 하느냐, 하지 않느냐는 구원의 조건이 결코 될 수 없다.

그러면 전도는 어디에 속한 것인가?

다른 사람들에게 그리스도를 전하는 것은 구원의 요구조건이 아니다. 그것은 제자도의 요구조건이다.

그리스도가 제자들에게 처음 가르치신 것은 마태복음 4:19에서 발견된다. "나를 따라오너라 내가 너희로 사람을 낚는 어부가 되게 하리라." 예수님을 따르려면 사람을 낚아야 했다. 제자들이 그를 따를 때, 예수께서는 그 방법을 가르쳐 주셨다.

그리스도인이 되는 것과 제자가 되는 것은 같은 말이 아니다. 그리스도인이 된다는 것은 주님의 선물을 받는 것이다. 그리스도는 사마리아 여인에게 "네가 만일 하나님의 선물과 또 네게 물 좀 달라 하는 이가 누구인 줄 알았더면 네가 그에게 구하였을 것이요 그가 생수를 네게 주었으리라"요 4:10고 했다. 요한은 "원하는 자는 값 없이 생명수를 받으라"계 22:17고 가르치고 있다. 그런데 그리스도인이 되고 나면, 하나님께서 "이제 너는 나의 제자가 되겠느냐?"라고 말씀하신다. 제자란 "배우는 사람"이라는 뜻이다. 그리스도는 자기를 따르고 배우려면 대가를 지불해야 한다고 경고했다. "무릇 내게 오는 자가 자기 부모와 처자와 형제와 자매와 및 자기 목숨까지 미워하지 아니하면 능히 나의 제자가 되지 못하고 누구든지 자기 십자가를 지고 나를 좇지 않는 자도 능히 나의 제자가 되지 못하리라"눅 14:26-27.

내 결혼식에 참석했던 사람 중에 가장 귀빈이었던 친구는 지금 목회를 하고 있다. 그의 우정은 내 결혼식을 풍성하게 해주었고, 그 후에도 내 삶을 풍성하게 해주었다. 그가 계속 성장하며 하나님과 동행하는 것을 나는 감사하고 있다. 그는 정말 신실하게 잃어버린 자들을 돌아본다. 왜 그러느냐고 물어보면, "그리스도께서 제일 먼저 제자들에게 가르치신 것이 이것이니까."라고 대답할 것이다. 그는 주님을 사랑하고, 제자가 되기를 갈망하고, 잃어버린 자들을 돌아본다.

전도하지 않으면 그리스도인이 될 수 없다고 하는 것은 비성경적이다. 하지만 어떤 방법으로든지 전도하지 않으면 제자가 될 수 없다고 하는 것은 성경적이다.

결론

성경은 전도하는 것이 구원의 조건이라고 가르치지 않는다. 영생은 선물이다. 이 선물을 받은 후에 하나님은 우리를 제자로 초청하신다. 그분을 따르며 그분을 더 배워가면서, 전도는 제자도의 일부분이라는 것을 알게 된다. 그분은 자신이 가장 관심을 갖는 것에 우리도 가장 관심 갖기를 원하시는데, 그것은 바로 잃어버린 영혼이다.

> **다른** 사람들에게 전하는 것은 제자도의 처음 단계이지, 그리스도인이 되는 조건은 아니다.

오해 3 M I S C O N C E P T I O N

불신자들과
교제해서는 안 된다.

이런 상쾌한 9월은 골프에 안성맞춤이라고 더그는 생각했다. 그리고 18번째 홀에 공을 넣으면서, 이렇게 공이 잘 들어가기는 난생 처음이라고 기뻐했다. 반면 닉은 이렇게 골프가 안 풀린 적이 없었다. 닉이 벌써 몇 개의 공을 허공으로 날리는 것을 보고 더그는 놀랐다. 닉은 여러 번 그까짓 것 괜찮다고 했다. 하지만 더그는 이런 경우 화를 내며 욕하는 것이 자연스러운 사람이었다.

마지막 라운드 후에 닉은 더그 옆에 앉아 등을 두드리며 축하했다. "자네는 프로야!"라고 하면서 그날은 더그의 날이라고 좋아했다. 닉은 계속 골프 이야기를 하다가 잠시 멈추더니 이런 말을 했다.

"내가 보니 자네는 일이 꼬일 때 지저스 크라이스트 욕할 때 쓰는 말로 '제기랄'에 해당함라는 말을 많이 하던데? 나도 그렇기는 하지만, 의미는 조금 다르다네. 자네, 주님을 깊이 생각해 본 적 있나? 그분을 그냥 말로만이 아니라."

더그는 깜짝 놀라 할 말을 잃었고, 좀 당황스럽기까지 했다. 아무도 이렇게 직접적으로 이야기한 적은 없었다. 더그는 깊은 생각에 잠겼다.

4주 후에 닉의 주님은 더그의 주님이 되었고, 더그는 자기를 위해 오랫동안 기도해 온 동생에게 전화를 하지 않을 수 없었다. 새로 그리스도인이 된 사람들이 갖는 열정으로 그는 동생에게 닉의 이야기를 했고, 어떻게 그리스도를 의지하게 되었는지 이야기했다. 형제는 계속해서 직장, 가정, 스포츠에 관해 담소를 나누었다. 자연스럽게 더그의 주말 계획도 나왔는데, 그 중에는 믿지 않는 친구들과의 약속도 있었다. 사실 더그의 친구들은 대부분 교인이 아니었다. 그때 동생이 이렇게 말했다.

"이제 형은 그리스도인이 되었으니 옛 친구들은 다 끊어야 해요. 성경은 죄인들을 친구 삼지 말라고 가르치고 있어요."

더그는 깜짝 놀랐다.

많은 사람들이 그리스도인이 된 후에 이런 조언을 듣는다. 나는 수업시간에 학생들에게 전도의 열정을 심어주고 싶어한다. 내가 교제하는 사람들에 대해 이야기해 주는데, 믿지 않는 이발사, 조깅을 같이 하는 안 믿는 친구, 이전에 안 믿던 친구 등에 관해 이야기하고, 또 그들 중 몇몇이 회개하게 된 이야기를 해준다.

학생들은 놀란다. 어떤 학생들은 저으기 염려스럽다는 표정을 짓기도 한다. 그리고 서로 쳐다보며 이럴 때 무슨 말로 도와주어야 하는 건 아닌가 하는 눈치도 보인다. 휴식시간에 한 학생이 찾아와, 왜 자신들이 갈등했는지 이유를 알겠다며 이런 말을 했다.

"일단 그리스도인이 되고 나면 불신자들과 어울리지 말아야 한다는 말을 들었어요. 하지만 안 믿는 사람들과 사귀지 않으면, 어떻게 전도를 하겠어요?"

우리는 주위 사람들에게 강한 영향을 받는다. 올바른 사람들은 우리의 영적 성장을 돕는다. 하지만 잘못된 사람들은 우리의 영적 행로에 장애가 된다. 신자들을 염려하는 사람들 가운데는, 특별히 새 신자들을 위해 이렇게 강조하는 경우가 있다.

"이제 당신은 새로운 친구들과 가까이 지내야 해요. 성경에서 믿지 않는 사람들과 교제하지 말라고 했거든요."

이 말에 무슨 오해가 있는가? 성경은 이런 사고방식을 격려하고 있지 않은가? 가장 자주 사용되는 성경 구절을 살펴보고, 그 의미가 정말 무엇인지 살펴보자.

이런 생각은 어디에서 시작되었는가?

고린도전서 5:9

내가 너희에게 쓴 것에 음행하는 자들을 사귀지 말라 하였거니와.

이 말씀은 불신자, 특히 성적으로 부도덕한 사람들과 사귀지 말라는 뜻으로 이해된다. 그러나 10-11절을 보면 음행하는 자들이 어떤 사람을 뜻하는지 정의가 나온다. "이 말은 이 세상의 음행하는 자들이나 탐하는 자들과 토색하는 자들이나 우상 숭배하는 자들을 도무지 사귀지 말라 하는 것이 아니니 만일 그리 하려면 세상 밖으로 나가야 할 것이라 이제 내가 너희에게 쓴 것은 만일 어떤 형제라 일컫는 자가 음행하거나 탐람하거나 우상 숭배를 하거나 후욕하거나 술 취하거나 토색하거든 사귀지도 말고 그런 자와는 함께 먹지도 말라 함이라."

바울이 말한 것은 성적으로 부도덕한 신자이지 불신자를 의미한 것이 아니다. 그는 분명히 "이 말은 이 세상의 음행하는 자들을 도무지 사귀지 말라 하는 것이 아니니"라고 하면서 뒤에서 그 이유를 설명한다. 신자들은 교회 안을 다스려야 하고, 교회 밖은 하나님이 다스리시게 해야 한다. "외인들을 판단하는데 내게 무슨 상관이 있으리요마는 교중 사람들이야 너희가 판단치 아니하랴 외인들은 하나님이 판단하시려니와 이 악한 사람은 너희 중에서 내어 쫓으라" 고전 5:12-13.

바울은 데살로니가후서 3:14-15에서도 비슷한 교훈을 준다. "누가 이 편지에 한 우리 말을 순종치 아니하거든 그 사람을 지목하여 사귀지 말고 저로 하여금 부끄럽게 하라 그러나 원수와 같이 생각지 말고 형제같이 권하라."

바울은 불신자와 함께하지 말라고 경계한 것이 아니라, 불순종하는 신자와 시간을 보내지 말라고 경계한 것이다. 고린도전서 5:9이 불신자들을 사귀지 말라고 경계한다고 가르치는 것은 잘못이다.

야고보서 4:4

간음하는 여자들이여 세상과 벗된 것이 하나님의 원수임을 알지 못하느뇨 그런즉 누구든지 세상과 벗이 되고자 하는 자는 스스로 하나님과 원수 되게 하는 것이니라.

이 구절을 들어 사람들은 불신자들과 교제하는 것은 이 세상과 짝하는 것이라고 결론짓는다.

야고보는 아주 어려운 시험을 통과하는 신자들에게 이 편지를 썼다. 때때로 우리도 시험을 통과하는데, 그럴 때면 제일 잘 아는 사람들을 가혹하게 대하곤 한다. 그 결과로 믿는 자들, 형제 자매들 사이에 갈등이 일어난다. 야고보는 이 장을 이런 말로 시작한다.

너희 중에 싸움이 어디로, 다툼이 어디로 좇아 나느뇨 1절.

야고보는 갈등의 원인 중 하나는 잘못된 친구관계라고 설명한다. 이 편지의 대상인 신자들은 그리스도보다는 세상을 더 가까이했다. 야고보가 말하는 간음하는 자들이란 실제 성적으로 간음하는 자들이 아니라, 항상 그리스도처럼 살지 않는 사람들을 일컫는다. 기억하라. 이 서신은 그리스도보다는 세상을 벗삼는 사람들에게 쓴 것이다. 그들은 세상 사람들처럼 행동하고, 세상 사람들처럼 생각했다. 그들은 세상이 하는 대로 했다. 그렇게 함으로써 그들은 하나님과 전쟁을 치르고 있었다. 야고보는 이렇게 선언했다. "그런즉 누구든지 세상과 벗이 되고자 하는 자는 스스로 하나님과 원수 되게 하는 것이니라."

야고보는 불신자와 교제하는 것을 금하는 것이 아니다. 그는 신자들에게 세상 사람들처럼 생각하고, 행동하고, 말하지 말라고 경계하는 것이다. 신자들은 세상 안에 있지만, 세상의 것은 아니다. 세상에 살고 있지만, 천국 시민처럼 살 필요가 있다. 배는 물 위에 떠 있을 때는 안전하지만, 물이 배 안으로 들어오면 안 된다. 마찬가지로, 그리스도인은 세상에서 안전하지만, 세상이 그리스도인 안으로 들어오면 안 된다. 야고보는 신자들에게 그리스도처럼 생각해야지 세상처럼 생각하면 안 된다고 가르치고 있다.

불신자와 함께 시간을 보낼 때, 우리는 그들처럼 행동하고 생각해서는 안 된다. 우리는 불신자들에게 영향을 주어야지, 그들에게 영향을 받아서는 안 된다. 하지만 결코 야고보가 세상 친구들과의 교제를 금한 것은 아니다.

개인적인 접촉 없이는 개인 전도란 없다

예수님은 제자들을 부르실 때, "나를 따라오너라 내가 너희로 사람을 낚는 어부가 되게 하리라"마 4:19고 말씀하셨다. 사람을 낚으려면 사람을 사귀어야 한다. 그리고 사람을 사귀려면 대화를 해야 한다. 이런 대화가 일어나는 장소는 가정, 직장, 테니스 경기장, 보울링장 등이다. 이런 대화는 저녁 식사 초대나 골프 경기로 이어질 수 있다. 이런 접촉과 대화 가운데 복음이 전해지고, 사람들은 그들의 삶에 그리스도가 필요하다는 사실을 직면하게 된다.

내 친구 하나는 테니스를 좋아한다. 그런데 그가 상대를 고르는 방법은 좀 특이하다. 그는 공을 주고받는 상대로 꼭 불신자를 택한다. 그러다 그 불신자가 신자가 되면 또 다른 상대를 찾아 나선다. 테니스를 통해 사람들을 사귀고 그리스도를 전하는 도구로 테니스를 사용하는 것이다. 이런 친교를 통해 그는 안 믿는 사람들에게 영향을 끼칠 수 있었다. 경기를 하고 나면 경기장 밖에서 교제가 이루어졌고, 교제를 통해 사람들은 그리스도께 나아갔다.

개인 전도를 하려면 개인 접촉이 필요하다. 만약 예수 그리스도께서 불신자를 사귀는 것을 반대하셨다면, 어떻게 우리에게 복음을 전하라고 하셨겠는가?

그리스도처럼 되려면, 불신자들과 교제해야 한다

사람들이 예수님의 행동에 당황한 것은, 죄인에게 말을 건 것 때문이 아니라, 죄인들과 교제했기 때문이었다. "모든 세리와 죄인들이 말씀을 들으러 가까이 나아오니 바리새인과 서기관들이 원망하여 가로되 이 사람이 죄인을 영접하고 음식을 같이 먹는다 하더라"눅 15:1-2.

세리들은 직업 때문에 멸시를 받았다. 그들은 백성에게 세금을 많이 부과하고 그 차액을 취해도 좋다고 아예 법으로 보호를 받고 있었다. 그들이 신봉하는 철학은 "내 것은 내 것이고, 네 것도 내 것이다."라는 것이었다. 이런 삶의 양식 때문에 그들은 미움을 받았다. 그들에게 기준이란 거의 없었고, 부도덕, 기만, 도적질 등이 일상생활이었다.

왜 그리스도는 그렇게 형편없는 사람들과 시간을 보냈을까? "내가 너희에게 이르노니 이와 같이 죄인 하나가 회개하면 하늘에서는 회개할 것 없는 의인 아흔아홉을 인하여 기뻐하는 것보다 더하리라"눅 15:7는 것이 주님의 설명이다. 예수 그리스도는 회개하는 죄인을 흠 없는 성자와 비교하시지 않는다. 또한 죄인의 수치스런 행위를 하나님께 순종하려고 노력하는 위선적인 바리새인들의 행위보다 더 용납한다고 말씀하시는 것도 아니다. 잘못된 이유라 해도 의로운 행동이 불의한 행동보다는 낫다. 그러나 하나님의 자비가 필요하다고 인정하는 죄인이 교만한 종교인보다 더 하나님을 기쁘시게 한다.

불신자들과 함께 시간을 보내면서 우리는 그리스도의 발자취를 따라간다. 우리는 그분의 태도를 우리의 태도로, 그분의 행동을 우리의 행동으로 삼아야 한다.

내가 불신자였을 때, 그리스도인들이 나를 피했다면……?

자신이 어떻게 그리스도 앞으로 나아왔는지 생각해 보라. 아마도 어떤 그리스도인이 함께 시간을 보내다가 복음을 나누어주었을 것이다. 만약 그 사람이 당신에게 관심을 쏟는 것을 몰랐다면, 그 사람의 말에 귀를 기울였을까? 관심이 대화로 연결되고, 대화가 그리스도께로 인도된다. 만약 그 사람이 "불신자들과 함께하지 말라."는 가르침을 따랐다면, 당신을 그리스도께로 인도하는 기회를 가질 수 없었을 것이다.

누가복음 6:31에서 예수 그리스도는 이렇게 말씀하신다. "남에게 대접을 받고자 하는 대로 너희도 남을 대접하라." 이것을 올바로 적용한다면 "네가 불신자였을 때 그리스도인이 너와 시간을 함께했던 것을 기쁘게 회상한다면, 너도 다른 사람에게 이같이 하라."는 의미가 될 것이다. 불신자였던 내가 그리스도인들과 교제하다 그리스도께 인도되었다면, 잃어버린 자들과 우리가 교제함으로 그들도 주께로 인도될 것이다.

불신자들과 교제하면, 영적으로 타락하는가?

영적 생활을 설명할 때 바울은 "따라 행한다"라는 용어를 사용한다. 예를 들면, 로마서 6:4에서는 "그러므로 우리가 그의 죽으심과 합하여 세례를 받음으로 그와 함께 장사되었나니 이는 아버지의 영광으로 말미암아 그리스도를 죽은 자 가운데서 살리심과 같이 우리로 또한 새 생명 가운데서 행하게 하려 함이니라"고 기록했다. 또 갈라디아서 5:16에서는 "너희는 성령을 좇아 행하라 그리하면 육체의 욕심을 이루지 아니하리라"고 기록했다.

영적 깊이는 우리가 행하는 환경에 따라 결정되는 것이 아니다. 그러나 그 행함은 그리스도를 중심으로 이루어져야 하며, 우리가 동행하는 그분이 우리에게 영적 삶의 능력을 주신다. 그리스도와 동행할 때 우리는 사람들이 따를 수 있는 모범을 보이게 된다. 우리가 그들을 따르는 것이 아니다. 그래서 바울은 "내가 그리스도를 본받는 자 된 것같이 너희는 나를 본받는 자 되라"고전 11:1고 말할 수 있었다.

내가 처해 있는 상황과는 관계없이, 그리스도와 동행하면 영적 성장이 이루어지는 이유는 무엇일까? 환경은 바뀌어도 그리스도는 결코 변하시지 않기 때문이다. 그리스도와 함께라면, 환경은 최악일지라도 최고 수준의 삶을 살 수 있다. 불신자들과 어울리다가 영적으로 추락한다면, 그것은 그리스도의 인도하심이 아니라 다른 것을 따라간 때문이다.

정말 문제는 무엇인가?

성경에서 교제라는 단어는 신자들 사이의 관계를 의미한다. 사도 요한은 "우리가 보고 들은 바를 너희에게도 전함은 너희로 우리와 사귐이 있게 하려 함이니 우리의 사귐은 아버지와 그 아들 예수 그리스도와 함께 함이라"요일 1:3고 증거했다. 이 친밀한 교제는 너무나 중요하므로 이것을 잃어버리지 말라고 주의한다. 히브리서 기자는 "서로 돌아보아 사랑과 선행을 격려하며 모이기를 폐하는 어떤 사람들의 습관과 같이 하지 말고 오직 권하여 그날이 가까움을 볼수록 더욱 그리하자"히 10:24-25라는 말로 권고한다.

그러나 그리스도는 자신을 예로 잃어버린 사람들과 만나 교제할 것을 촉구하신다. 왜 그리스도는 삭개오의 집으로 가셨는가? 그는 "인자의 온 것은 잃어버린 자를 찾아 구원하려 함이니라"눅 19:10고 설명한다. 이런 접촉을 통해 관계가 형성되고, 복음이 전해지고, 사람들이 주님께로 나아온다.

성경은, 신자들과는 성찬을 나누고, 불신자들과는 만나 교제하라고 한다. 우리는 신자들과 친밀한 관계를 맺고 서로를 격려한다. 함께 기도하고, 성찬을 나누며, 예배 드리고, 성경을 공부한다. 이처럼 구원받은 자들과 깊은 교제를 유지하면서, 불신자들과도 계속 만나야 한다. 불신자들과의 관계도 친밀해야 하는가? 때로는 그렇다. 그러나 불신자들과의 관계가 아무리 깊어도, 하나님의 성품을 함께 소유하고, 같은 주님을 아는 신자들 관계만큼 가까울 수 없다. 그래서 바울은 이렇게 경고하는 것이다. "너희는 믿지 않는 자와 멍에를 같이하지 말라 의와 불법이 어찌 함께하며 빛과 어두움이 어찌 사귀며"고후 6:14. 불신자들은 같은 주님을 섬기지 않으므로, 그리스도인들 사이처럼 깊은 교제를 나눌 수 없다.

그리스도인들끼리의 성찬 교제를 통해, 그리고 불신자들과의 접촉을 통해 우리는 그리스도의 지체 안에서 책임을 다한다. 또한 아직 하나님의 가족이 되지 못한 사람들과도 적절한 관계를 유지한다. 우리는 신자들 간의, 또 불신자들과의 관계를 통해 그리스도의 명령과 모범을 따르는 것이다.

결론

성경은 죄인들과 친구되는 것을 금하지 않는다. 고린도전서 5:9은 부도덕한 신자들을 멀리하라고 권하고 있다. 야고보서 4:4에서는 하나님과 원수 된 이 세상과 사귀는 문제를 다루면서, 불신자를 사귀지 말라고 금하는 것은 아니지만, 우리가 세상의 영향을 받을 것이 아니라 세상에 영향을 끼쳐야 한다고 주의를 환기시키고 있다. 죄인들을 그리스도께로 인도하려면, 먼저 죄인들의 친구가 되어야 한다.

> **성경**은 죄인들과 친구되는 것을 금하지 않고, 오히려 권하고 있다. 개인 전도를 하려면 개인적인 사귐이 필요하다.

오해 4 · MISCONCEPTION

예수님만 영접하면
무조건 구원받는다.

이혼하기로 작정한 여인이 판사 앞에 섰다. 판사가 물었다.

"무슨 연유로 이혼하려 하십니까?"

"남편과 저는 1,500평 정도의 땅을 빌렸는데, 이혼해서 그것을 다 청산하려고 합니다."

"아니, 무슨 말인지 이해를 못하시는군요. 제 질문은 남편과 무슨 원한이라도 있으신가 하는 것입니다."

"네, 우리는 차가 두 대인데 남편은 차를 왼쪽에, 저는 오른쪽에 세웁니다."

"아니, 제 말은 혹시 남편이 당신을 구타했다든지 그런 일이 있었느냐는 것입니다."

"아니오. 저는 매일 아침 적어도 남편보다 한 시간은 일찍 일어납니다. 그 사람이 저를 구타한 적은 한번도 없습니다."

판사는 더 이상 참지 못하고 소리쳤다.

"이해할 수가 없습니다. 도대체 이혼하겠다는 이유가 무엇입니까?"
"저도 이유를 모르겠어요. 남편은 말이 통하지 않는다고 하더군요."

의사소통에 있어서 단어 선택은 중요하다. 신자들은 좋은 뜻으로 사람들에게 그리스도 앞으로 나아와 구원받으라는 뜻을 전하려고 한다. 그들은 불신자들에게, 특히 어린아이들에게 사정하듯이 "예수님을 마음속에 영접하라."고 권한다.

그런데 여기 문제가 있다. 이런 표현은 성경에서 발견할 수 없다. 단 한 구절만이 이런 표현을 지지한다고 생각한다. 전후 문맥을 잘 살펴보자.

이런 표현은 어디서 유래되었는가?

요한계시록 3:20은 이렇게 기록되어 있다.

볼지어다 내가 문밖에 서서 두드리노니 누구든지 내 음성을 듣고 문을 열면 내가 그에게로 들어가 그로 더불어 먹고 그는 나로 더불어 먹으리라.

문밖에 서서 문을 두드린다는 표현 때문에 많은 사람들이 마음에 문이 있다고 상상한다. 예수님은 문을 두드리면서 들여보내 달라고 간청하신다. 그래서 잃어버린 자들은 "예수님을 마음속에 모셔 들이라."는 권고를 받는다. 그런데 문제는, 이 말씀은 불신자들에게 한 것이 아니라 신자들에게 하신 말씀이라는 것이다.

문맥을 살펴보자. 19절은 "무릇 내가 사랑하는 자를 책망하여 징계하노니"라고 되어 있다. '징계한다'는 단어는 어린아이를 꾸짖는다는 의미로, 신약성경 전체를 통하여 신자에게 하는 말이지 불신자에게 하는 말이 아니다. 예를 들면, 같은 단어가 히브리서 12:5-6에 이렇게 기록되어 있다. "또 아들들에게 권하는 것같이 너희에게 권면하신 말씀을 잊었도다 일렀으되 내 아들아 주의 징계하심을 경히 여기지 말며 그에게 꾸지람을 받을 때에 낙심하지 말라 주께서 그 사랑하시는 자를 징계하시고 그의 받으시는 아들마다 채찍질하심이니라 하였으니." 요한계시록 3:20도 그리스도인들을 위한 말씀으로 주님과의 교제에 관한 것이다. 이것은 불신자들의 구원에 관한 말씀이 아니다.

좀 구체적으로 말하면, 요한계시록 2-3장에 언급한 아시아 일곱 교회 중 하나인 라오디게아 교회를 향한 말씀이다. 이 도시는 안티오쿠스 2세에 의해 세워졌고, 그의 아내 이름을 따라 명명되었으며, 양모로 짠 옷감으로 큰 이익을 남겨 큰 부를 축적했다. 재정이 든든하여, 서기 60년에 지진으로 파괴된 도시를 외부의 도움 없이 자체적으로 재건할 수 있을 정도였다. 경제적인 부요로 인하여 교회는 무감각하게 되어 영적 잠을 자고 있었다.

예수 그리스도는 이처럼 아무 맛도 없는 상태를 '미지근하여'라고 표현했다. 영적인 일에 차지도 덥지도 않은 상태를 말한다. 요한계시록에 언급된 다른 모든 교회에게 하신 것처럼, 라오디게아 교회를 그리스도가 초대하는 말씀이 3:20이다. 그는 교회와 그 안의 모든 사람들에게 자신이 문밖에 서서 문이 열리기를 기다리는 것으로 묘사한다. 예수님은 그들이 자신의 상태를 회개하고 자신을 예배와 사랑의 중심으로 삼기를 바라신다.

여기에서 두 가지 사항을 유의해야 한다. 요한계시록 3:20의 '안'이라는 헬라어는 "향하여"라는 의미가 있다. 비유적인 표현으로 예수님은 교회로 들어가 그리스도인들과 교제하고 싶다고 말씀하신다. 둘째로, '먹는다'는 단어는 하루 중 가장 성대한 식사로 훌륭한 손님을 초대하여 즐기는 것이다. 부엌 옆 식탁에서 급히 먹는 빵 한 조각을 의미하는 것이 아니다. 아마도 소고기 등심에 감자와 각종 야채를 곁들인 훌륭한 요리일 것이다. 이런 자리는 대화를 위해 마련한 식탁일 것이다. 누가 우리 부부에게 이 단어를 사용해 초청한다면, 우리는 두 가지 의미를 연상할 것이다. 즉 훌륭한 저녁 식사를 먹으며 대화를 하자는 것으로 말이다. 그러므로 예수님의 제안은 친밀한 교제를 하자는 것이다.

요한계시록 3:20은 그리스도인들을 향한 것으로, 그들에게 문을 열고 그리스도를 모셔들여 친밀한 교제를 하자는 것이다. 이는 불신자들의 구원에 관한 말씀이 아니다.

'구원'을 의미하는 성경의 단어나 표현에는 어떤 것이 있는가?

잃어버린 자들에게 전도할 때는 성경에서 가르치는 용어를 사용해야 한다. 요한복음은 어떻게 영생을 선물로 받는지를 설명한다. 실제로 요한은 이 책의 목적을 이렇게 기록했다. "오직 이것을 기록함은 너희로 예수께서 하나님의 아들 그리스도이심을 믿게 하려 함이요 또 너희로 믿고 그 이름을 힘입어 생명을 얻게 하려 함이니라" 요 20:31.

어떻게 사람이 영생을 얻는가? 요한이 98번이나 사용한 단어는 '믿음'이다. 나사로를 무덤에서 일으키기 전에 그리스도는 마르다에게 이렇게 설명하셨다. "나는 부활이요 생명이니 나를 믿는 자는 죽어도 살겠고 무릇 살아서 나를 믿는 자는 영원히 죽지 아니하리니" 요 11:25-26. 여기서 '믿음'은, "예수 그리스도께서 나를 위해 죽으시고 다시 살아나신 것을 이해하고, 나는 오직 그분을 의지하여 영생을 얻는데, 이것이 천국으로 가는 유일한 길이다."라는 뜻이다.

자유주의 교회에 다니던 한 여인이 한번은 목사님께 이렇게 물었다.

"제가 만약 존 웨인의 영화를 본다면, 하나님이 저를 천국에 좀 쉽게 넣어 주실까요?"

그 여인은 존 웨인이 예수 그리스도의 좋은 친구였으므로 그의 영화를 한 편 보는 것으로 천국에 들어갈 확률이 좀더 높아질 것이라고 진실로 믿었다. 이런 그녀의 태도에 웃을 수도 있지만, 우리 역시 그녀와 마찬가지로 교회 출석, 세례, 십계명, 성찬, 그 외의 선한 생활 등의 행위로 하늘나라에 들어갈 수 있다고 오해한다. 하나님은 구원의 유일한 방법으로, 오직 예수 그리스도 한 인격만을 의지하라고 권면하신다.

성경은 그 외에 어떤 용어를 사용하여 이 진리를 적용하라고 하는가? 다음 내용을 살펴보자.

- 니고데모에게는 바라보고 살라고 했다 요 3:14-15.
- 사마리아 여인에게는 구하라고 했다 요 4:10.
- 유대인들에게는 와서 그리스도를 보라고 했다 요 5:40.
- 무리에게는 그리스도를 믿으라고 했다 요 6:47.
- 사람들에게 그의 살을 먹고 피를 마시라고 했다 요 6:53-54. 이 일은 예수께서 생명의 떡이라는 말씀과 연관된 것이다 요 6:35 참조.
- 바리새인들에게는 말씀을 지키라고 했다 요 8:51.
- 다른 사람들에게는 그리스도를 문으로 생각하고 들어가라고 했다 요 10:9.

각 구절마다 진리를 적용하는 방법을 담고 있다. 일관된 내용은 "그리스도만이 영생의 유일한 길이라는 것을 인정하고, 그분의 말씀대로 구원하실 것을 믿고 의지한다."는 것이다.

요한은 아무에게도 "예수님을 마음속에 영접하세요!"라고 권하지 않는다. 이 구절은 잃어버린 자들을 전도하기 위한 것이 아니다.

"예수님을 마음속에 영접하세요!"라는 표현에 어떤 위험이 있는가?

"예수님을 마음속에 영접하세요!"라고 말할 때 전달되는 의미는, "'예수님을 제 마음속에 영접합니다!' 라는 기도를 하면 당신은 구원받습니다."라는 것이다. 이는 십자가에서 죽으신 주님을 의지하기보다는 기도문을 더 의지하는 것이다.

어느 날 말씀을 전한 후, 한 부부가 저녁 식사에 초대했다. 부인은 정성껏 식탁을 준비하면서 이렇게 말했다.

"오늘은 아주 흥분되는 날이었어요. 우리 집 아이들이 '엄마, 하늘나라에 가려면 무엇을 해야 되요?' 라고 묻는 거예요. 저는 '지금 당장 머리를 숙이고 예수님을 마음속에 영접하는 기도를 드리렴.' 이라고 했지요."

내가 조금 더 상황을 물어보니, 그 부인은 그리스도의 죽음이나 부활조차도 이야기하지 않았다는 것이었다. 그러니까 누구든지 영접 기도만으로 영생을 얻을 수 있다고 생각한 것이다.

한 전도 훈련 강좌에서 나는 이렇게 말했다.

"여러분 가운데 혹시 지금 당장 죽으면 천국에 갈 수 있다는 자신이 없는 분이 있습니까? 그분과 이야기하고 싶습니다."

그랬더니 한 젊은이가 나섰다. 그는 내가 아는 사람이었는데, 이곳 저곳에서 열정적으로 설교하는 사람이었다.

"왜 나왔습니까?"

"저는 제 삶을 그리스도께 드리고 싶습니다."

하지만 그는 무엇인가 주저하는 듯했다.

"먼저 한 가지 물어봅시다. 지금 당장 죽는다면 천국에 갈 것을 조금도 의심하지 않습니까?"

키가 크고 홀쭉한 그 젊은이는 어정쩡하게 "어, ……예."라고 말을 흐렸다. 나는 물러서지 않고 계속 물었다.

"만약 '당신은 어떻게 그리스도인이 되었습니까?'라고 묻는다면 무어라고 대답하시겠습니까?"

"어렸을 때 예수님을 마음속에 영접하는 기도를 드렸습니다."

"오늘밤, 제가 전한 메시지를 기초로 '천국에 가기 위해 무엇을 해야만 합니까?'라고 물으면 어떻게 대답하시겠습니까?"

"먼저 저는 죄인임을 이해해야 하고, 예수께서 저를 위해 죽으시고 부활하셨으며, 그리스도를 의지하는 것만이 하늘로 가는 유일한 길이라고 이해해야 합니다."

나는 다그쳤다.

"왜 이전에는 마음속에 주를 영접하기만 하면 되었는데, 이제는 그리스도를 의지해야 합니까?"

그는 울면서 고백했다.

"솔직히 말씀드리면, 저는 이전에 이런 것을 알지 못했습니다. 그냥 예수님을 마음속에 영접하는 기도만 드리면, 하나님이 천국 백성으로 받아 주실 거라고 생각했습니다. 예수 그리스도를 의지하는 것이 천국에 가는 유일한 길이라는 생각은 해본 적이 없습니다."

"예수님을 마음속에 영접하세요!"라는 말은, 때로 그리스도를 의지하지 않고도 이런 기도만 하면 구원받는다는 생각을 은연중 전달한다. 그것은 비성경적이며 또한 비논리적이다. 이런 방법이 얼마나 위험한지를 하나님이 가르쳐 주셨다면서, 한 여인이 자신의 경험을 들려 주었다. 그 여인은 한 어린아이를 예수님께 초청하려고 했다.

"예수님을 네 마음속에 모셔 들여라."

아이는 의외의 대답을 했다.

"그건 좋을 일이 하나도 없어요. 엄마가 그러시는데, 제 마음에는 구멍이 하나 있대요. 제가 예수님을 모셔 들이면 예수님은 그 구멍 속으로 빠져 버릴걸요."

그렇다면 "예수님을 마음속에 영접하세요."라는 말을 통해 구원받은 사람이 하나도 없을까? 수많은 사람들이 영접 기도를 드리면서 동시에 그들을 구원하실 분으로 오직 그리스도만을 의지해야 한다는 것을 이해한다. 단지 기도하는 것만으로서가 아니라, 그리스도를 의지함으로써 구원받는다는 것을 이해한 것이다. 그러나 역시 많은 사람들이 구원하실 분으로서 그리스도만을 의지해야 한다는 것을 이해하지 못한 채, 그저 예수님을 마음속에 영접하려고만 한다.

불신자들을 어떻게 초청할 것인가?

하나님은 우리가 복음을 분명히 전하기를 원하신다. 그분은 모든 사람들이 "다 이루었다"요 19:30는 독생자의 선언을 이해하기를 갈망하신다. 신약성경이 그러했듯이, 우리도 사람들에게 "믿으라!"고 권고해야 한다. 그때 우리는 믿는다는 것은 곧 우리가 죄인으로서 하나님께 나아오며, 그리스도께서 우리를 위해 죽으시고 다시 살아나심을 인정하고, 구원받기 위해서는 오직 그리스도만을 의지해야 한다는 것을 의미한다고 설명한다. 성경에서 말하는 '믿음'을 가장 잘 전하는 단어는 '의지 또는 의탁'이라는 단어일 것이다. 그리스도를 의지한다는 것은 단지 지식적으로 예수 그리스도란 분이 십자가에서 죽으시고 다시 사셨다는 것을 받아들이는 것이 아니라, 그분만이 천국으로 가는 유일한 길임을 인정하는 것이다. 그리스도를 의지함으로써 우리는 그분께서 주시는 영생의 선물을 받는 것이다.

불신자들에게 우리는 모두 죄인이라고 설명하라. 죄의 형벌은 죽음이며, 영원히 하나님과 분리되는 것이다. 그리스도는 우리가 받아 마땅한 형벌을 대신 당하심으로 우리를 향한 하나님의 노를 멈추셨고, 사흘만에 무덤에서 살아나셨다. 그러므로 잃어버린 자들에게 그리스도만을 의지하라고 초청해야 한다. 그리스도를 의지함으로써 그들은 지금 천국에 있는 것처럼 느끼며, 천국을 확신할 수 있다.

결론

의사소통을 분명히 하려면 단어를 잘 선택해야 한다. 구원 계획은 너무 중요하기 때문에 다른 방법으로 전할 수가 없다. "예수님을 마음속에 영접하세요."라는 말은 불신자들을 구원으로 초청하는 성경 구절이 아니다. 성경에서는 이 구절이 그렇게 사용되지 않았다. 사람들이 그렇게 기도하면 구원받는다고 가르치니까, 전도에 사용한다고 해서는 안 된다. "예수님을 마음속에 영접하세요."라는 말은 그리스도인들 사이의 교제를 의미하는 구절이다. 우리는 성경이 하라는 것을 해야 한다. 때문에 잃어버린 자들을 초청해, 오직 그리스도만을 의지하여 구원에 이르게 해야 한다.

> "**예수님**을 마음속에 영접하세요."라는 말은 성경에 기록된 말이 아니다. 성경은 믿으라고 권면한다. 믿음이란 십자가 위에서 완성된 그리스도의 과업을 내게 적용하여, 온전히 그분을 의지하여 구원을 얻는 것이다.

MISCONCEPTION 오해 5

전도하지 못했다면,
그 사람이 지옥에 가는 것은
내 책임이다.

사람들은 그녀가 해낼 줄 알았다. 많은 사람들이 그렇게 말했다. 불신 여성들에게 복음을 전하는 데는 바로 이런 여성이 필요했다. 그녀는 여러 번의 단기선교를 통해 그런 기회를 많이 가졌다.

그러나 무엇인가 문제가 있었다. 그녀는 눈물을 감추면서 어렵게 입을 열었다. 그녀가 이야기를 계속할수록 나는 더 화가 나고, 좌절하고, 연민의 정을 느꼈다. 한 가지 오해로 그녀는 쓸데없는 고통을 겪고 있었다. 나는 성경 말씀으로 그녀를 자유롭게 해주었다. 그러고 나서 그녀가 겪은 오해를 글로 써주면 많은 사람들을 위해 유익하게 사용하겠다고 부탁했다. 다음은 그녀가 쓴 글이다.

나는 전도만 생각하면 죄책감이 일어났습니다. 어떻게 해도 기분이 좋지 않았습니다. 누구에게든지 그리스도에 대해 이야기할 때면 "충분히 잘하지 못한다."는 염려를 했습니다. '그리스도를 전할 수 있는 좋은 기회를 그냥 넘기는구나.'라는 생각이 들면 비열한 그리스도인이라는 정죄감을 느낍니다. 내가 막 그리스도인이 되었을 때 이런 설교를 들었습니다. "당신이 그리스도를 전하지 않는다면, 그들의 피가 당신 손에 있습니다." 어떤 이들에게는 이것이 동기부여가 되겠지만, 내게는 더 많은 죄책감과 정죄감만 가져왔습니다.

"지금 그리스도를 나누는 기회를 놓쳐서 그 사람이 지옥에 가게 되면 그건 네 탓이다."라는 생각이 자주 서로에게 전달된다. 실제로 사용되는 말은 "그들의 피가 네 손에 있다."는 것이다. 앞서 예를 든 여인이 말한 대로, 어떤 이들에게는 이 말이 동기부여가 되지만 보통은 죄책감을 일으킨다. 게다가 중압감, 두려움, 수치심까지 따라온다. 내가 전도하지 못했기 때문에 그 사람이 지금 지옥에 있고, 그들의 피가 내 손에 있다고 생각하는 것보다 더 참담한 일이 있겠는가?

얼마 전 한 통의 편지를 받았는데, 읽고나니 머리가 멍해지고 속이 메스꺼워졌다. 바로 내 친구 레이가 살해당했다는 편지였다. 레이는 어느 날 밤 자신의 아파트에 세든 사람에게 세를 받으러 갔다. 문을 두드리자 두 사람이 들어오라고 했다. 그러더니 갑자기 뒤에서 레이를 마구 찔렀다. 온 바닥과 벽이 피로 물들었다. 두 사람은 내 친구의 시체를 검은 쓰레기 봉투에 담아 시골 길가에 던져 버렸다. 체포된 그들은 몇 년형을 받았을까? 모범수로 살면 17년이다. 그러나 정말 그들의 양심이 살아 있다면 그들의 형벌은 영원할 것이다. 그들 때문에 갑작스럽게 과부가 된 한 여인, 아버지를 잃은 한 가정, 놀란 가슴을 진정시키지 못하는 사랑하는 친구들을 안다면 이 범죄자들은 영원히 후회하며 살 것이다. 그들은 결코 그날 밤, 그 칼, 애원하는 울부짖음, 그리고 죽어가던 그 사람을 영원히 기억에서 지울 수 없을 것이다.

이 장의 오해가 진실이라면, 사람을 죽게 했다는 죄책감보다 더 끔찍한 공포에 시달릴 것이다. 지옥에서 영원히 고통받는 사람이 나 때문에 그렇게 된 거라면 그 공포는 상상을 초월한다. 내 친구가 어둡고, 공허하고, 유황불이 타는 곳, 지옥에서 하나님과 분리되어 뜨거운 불길에 갇혀 목말라하고 있다고 상상해 보라. 그는 손을 내밀어 구원을 요청하며, 고통을 호소하고, 물 한 방울을 호소한다. 그는 죽고 싶어하지만 죽을 수도 없다. 그는 아는 얼굴이 있는가, 무슨 소리가 들리는가 찾아보지만 아무 것도 없다. 그는 지나간 모든 잃어버린 기회와 모든 인간 관계와 거절당한 모든 것을 하나하나 기억해 본다. 허공을 찢는 예리한 비명소리가 들려서 보니, 바로 자신의 비명이었다. 그는 지금 지옥에 있다. 그리고 이 오해가 사실이라면, 그것은 내 잘못이다. 내가 그에게 그리스도를 전하지 않았기 때문인 것이다.

이 오해를 뒷받침하는 데 사용되는 성경 구절은 무엇인가?

가끔 에스겔서 3:18-19이 전후 문맥과 상관없이 사용된다.

가령 내가 악인에게 말하기를 너는 꼭 죽으리라 할 때에 네가 깨우치지 아니하거나 말로 악인에게 일러서 그 악한 길을 떠나 생명을 구원케 하지 아니하면 그 악인은 그 죄악 중에서 죽으려니와 내가 그 피 값을 네 손에서 찾을 것이고 네가 악인을 깨우치되 그가 그 악한 마음과 악한 행위에서 돌이키지 아니하면 그는 그 죄악 중에서 죽으려니와 너는 네 생명을 보존하리라.

하나님은 에스겔을 파수꾼으로 세우셨다. 두 구절 앞에는 이런 내용이 있다. "칠 일 후에 여호와의 말씀이 내게 임하여 가라사대 인자야 내가 너를 이스라엘 족속의 파숫군으로 세웠으니 너는 내 입의 말을 듣고 나를 대신하여 그들을 깨우치라"16-17절. 파수꾼은 도시에 닥쳐오는 위험을 경고하는 사람이다. 그는 성벽, 언덕, 망루에서 위험이 다가오는 것을 경계했다. 만약 그가 실패하면 도시 전체를 잃을 수도 있다. 에스겔의 책임은 임박한 위험을 경고하는 것이다. 나라는 풍전등화처럼 위태로웠다. 오직 파수꾼을 의지하여 살아남을 수 있었다. 에스겔서 4-24장은 파수꾼의 경고를 기록하고 있는데, 이를 통해 성벽을 방어할 수 있는 기회를 얻고, 성문을 막고 병력을 증강할 수 있는 시간을 벌 수 있었다.

에스겔서 3:18-19은 영적 죽음이 아니라 육체적 죽음을 의미한다. 그 내용은 에스겔이 예언한 대로 바벨론이 이스라엘을 함락시킨다는 것이다. 하나님의 경고에 귀를 기울이지 않는 악한 사람은 육체적인 죽음을 맞는 것이다.

계속해서 말씀을 읽어보면, 에스겔은 악인들뿐 아니라 의인들에게도 경고한다.

또 의인이 그 의에서 돌이켜 악을 행할 때에는 이미 행한 그 의는 기억할 바 아니라 내가 그 앞에 거치는 것을 두면 그가 죽을지니 이는 네가 그를 깨우치지 않음이라 그가 그 죄 중에서 죽으려니와 그 피 값은 내가 네 손에서 찾으리라 그러나 네가 그 의인을 깨우쳐 범죄치 않게 하므로 그가 범죄치 아니하면 정녕 살리니 이는 깨우침을 받음이며 너도 네 영혼을 보존하리라20-21절.

느부갓네살왕의 군대가 다가오자, 의인이라도 의의 길에서 떠난 사람은 위험에 처하게 되었다. 그렇다고 그 사람이 영생을 잃는다는 말은 아니다. 다시 말하지만 여기서 말하는 죽음은 육체적 죽음이다. 하나님의 심판은 예루살렘의 함락에 관한 것이다. 하나님의 계명을 어긴 자들에게는 죄로 인한 육체적 결과가 따를 것이다.

에스겔의 경고는 일반 원리가 아니라 특별 계시이다. 그는 벙어리가 되어 하나님이 특별한 메시지를 주실 때까지 기다려야 했고, 하나님이 허락하실 때에야 말할 수 있었다.

> 내가 네 혀로 네 입천장에 붙게 하여 너로 벙어리 되어 그들의 책망자가 되지 못하게 하리니 그들은 패역한 족속임이니라 그러나 내가 너와 말할 때에 네 입을 열리니 너는 그들에게 이르기를 주 여호와의 말씀이 이러하시다 하라 들을 자는 들을 것이요 듣기 싫은 자는 듣지 아니하리니 그들은 패역한 족속임이니라 겔 3:26-27.

에스겔은 예루살렘이 함락될 때까지 이렇게 벙어리로 남아 있었다. 그때 그의 예언은 다 들어맞았다. 에스겔서 33:21-22에서 우리는 이런 기록을 본다.

> 우리가 사로잡힌 지 십이 년 시 월 오 일에 예루살렘에서부터 도망하여 온 자가 내게 나아와 말하기를 그 성이 함락되었다 하였는데 그 도망한 자가 내게 나아오기 전날 저녁에 여호와의 손이 내게 임하여 내 입을 여시더니 다음 아침 그 사람이 내게 나아올 임시에 내 입이 열리기로 내가 다시는 잠잠하지 아니하였노라.

만약 에스겔이 자기 집으로 오는 사람들에게 하나님의 메시지를 전하지 않겠다고 했다면 어떻게 되었을까? 그는 아마 살인죄를 지은 것과 같앉을 것이다. 이것이 바로 "내가 네 손에서 그의 피를 찾으리라."는 의미로, 하나님은 에스겔에게 책임을 물으신다는 것이다. 마치 에스겔이 그들을 죽인 것처럼, 그에게 책임이 있다는 것이다. 다시 한번 말하지만, 피는 육체적 죽음을 말하는 것이지, 영적 죽음과는 상관이 없다. 만약 그들이 경고를 듣지 않더라도 에스겔이 자기 책임을 다해 경고했다면 어떻게 되는가? 에스겔은 자신을 구원한 것이다. 여기서 구원은 구출을 의미하는 것이지, 영생을 뜻하는 것은 아니다. 경고를 발함으로 에스겔은 다가오는 심판의 책임에서 벗어날 수 있었다. 그의 경고를 무시한 사람들은 스스로를 탓해야 했다.

"네 손의 피"를 전도에 적용하면 무슨 문제가 있는가?

앞서 살펴본 대로 에스겔서 3:18-19은 전도에 적용하는 것이 아니다. 신약의 신자들은 세상을 지키는 "파수꾼"이 아니다. 오늘날의 파수꾼은 성령이며 하나님의 말씀이다. 요한복음 16장에서 그리스도는 성령을 이렇게 선포했다.

> 그러하나 내가 너희에게 실상을 말하노니 내가 떠나가는 것이 너희에게 유익이라 내가 떠나가지 아니하면 보혜사가 너희에게로 오시지 아니할 것이요 가면 내가 그를 너희에게로 보내리니 그가 와서 죄에 대하여, 의에 대하여, 심판에 대하여 세상을 책망하시리라 죄에 대하여라 함은 저희가 나를 믿지 아니함이요 의에 대하여라 함은 내가 아버지께로 가니 너희가 다시 나를 보지 못함이요 심판에 대하여라 함은 이 세상 임금이 심판을 받았음이니라 요 16:7-11.

성경에 대하여 디모데후서 3:16-17은 이렇게 가르친다. "모든 성경은 하나님의 감동으로 된 것으로 교훈과 책망과 바르게 함과 의로 교육하기에 유익하니 이는 하나님의 사람으로 온전케 하며 모든 선한 일을 행하기에 온전케 하려 함이니라."

우리가 잃어버린 자들에게 전하는 죽음은 단지 육체적 죽음이 아니라, 영적 죽음이며, 하나님과 영원히 분리되는 것이다. 히브리서 9:27은 불신자들에게 육체적 죽음 너머의 영원한 죽음을 경고한다. "한번 죽는 것은 사람에게 정하신 것이요 그 후에는 심판이 있으리니." 심판에 대한 이런 경고들은 말씀에서 나오는 것이지, 특정한 구체적 계시가 아니다.

전도를 못하면 주님을 만날 때 상이 없겠지만, 그렇다고 하나님이 살인의 책임을 물으시는 것은 아니다.

불신자가 지옥에 가는 것이 왜 "우리 잘못"이 아닌가?

하나님은 일부분이 아니라 전체를 주관하시는 분이다. 하나님은 주권자이시며, 그것은 구원의 문제에서도 마찬가지이다. 바울은 "하나님이 미리 아신 자들로 또한 그 아들의 형상을 본받게 하기 위하여 미리 정하셨으니 이는 그로 많은 형제 중에서 맏아들이 되게 하려 하심이니라 또 미리 정하신 그들을 또한 부르시고 부르신 그들을 또한 의롭다 하시고 의롭다 하신 그들을 또한 영화롭게 하셨느니라"롬 8:29-30고 증거했다.

"오해 17"에서 하나님의 주권을 좀더 자세히 살펴볼 것이다. 여기서의 요점은, 하나님은 모든 것을 주관하시므로 불신자들의 피가 우리 손에 있지 않다는 것이다. 미리 아시고, 예정하시고, 부르시고, 의롭게 하시고, 영광스럽게 하시는 것은 그분이지 우리가 아니다.

로마서 3:11은 우리에게 "깨닫는 자도 없고 하나님을 찾는 자도 없고"

라고 말한다. 하나님이 이끌지 아니하시면 불신자들은 아무도 하나님 앞으로 나아올 수 없다. 그리스도께로 나아오려면, 하나님이 이끄셔야 한다. 주님의 백성이 주님을 거절하는 미련함을 보시고, 예수님은 그들이 스스로 눈을 가린 수건을 치울 수 없다고 인정하셨다. 주님은 이렇게 증거하셨다. "나를 보내신 아버지께서 이끌지 아니하면 아무라도 내게 올 수 없으니 오는 그를 내가 마지막 날에 다시 살리리라" 요 6:44. 하나님은 구원을 포함한 모든 일을 주관하시며 주권을 행사하신다. 우리는 최선을 다해 전도해야 하지만, 실패하더라도 각 사람의 운명은 하나님의 손에 있음을 알아야 한다.

결론

에스겔서 3:18-19을 전도에 적용하는 것은 옳지 않다. 하나님은 에스겔에게 이스라엘의 파수꾼으로서의 책임에 대해 말씀하시는 것이지, 증인으로서의 내게 말씀하시는 것이 아니다. 물론 어떤 구절들을 문맥상으로 이해한 후에 전도에 적용해도 좋지만, 에스겔서의 이 부분은 그렇게 해서는 안 된다. 각 개인의 구원에 대한 주권이 하나님께 있으므로, 그 결과도 하나님의 손에 있지 우리 손에 있는 것이 아니다.

> **전도**의 동기는 다양하다. 그러나 에스겔서에서 언급한 "우리 손의 피"는 전도의 동기부여가 될 수 없다. 하나님은 각 개인의 영원한 운명을 우리 손에 맡기시지 않는다.

MISCONCEPTION

전도하려면, 먼저 믿는 바를 변증할 수 있어야 한다.

"나는 성경을 믿지 않아요."
"그리스도는 자신이 말한 존재와는 다른 사람이에요."
"그리스도인들은 위선자예요."

이런 말들은 우리를 위협하는 것 같지 않은가? 이 모든 말을 변증할 수 없다면 과연 전도가 가능하겠는가?
어느 날, 한 전도세미나의 제목이 눈길을 끌었다—"어떻게 반박에 답하겠는가?"
나는 혼자 중얼거렸다.
"가만, 이 모임은 전도세미나가 아닌가? 사람들에게 복음을 전하게 하려는 것인데, '어떻게 반박에 답하겠는가?'로 시작한다고? 이러면 불신자들이 제기하는 모든 반박을 준비해야 한다고 생각하지 않을까? 이런, 시작도 하기 전에 다 놀라서 도망가 버리겠군."

나는 자주 타는 비행기를 생각해 보았다. 많은 사람들이 비행기 타는 것을 무서워한다. 비행기가 잘못될 수 있는 가능성을 하나하나 설명해 준다면 어떻게 사람들이 비행기를 타겠는가?

반박을 처리하는 법이 첫 강좌 제목이 된 이유는 알 것 같다. 많은 사람들이 보통 "전도하려면 먼저 자신의 믿음을 변호할 수 있어야 한다." 고 생각한다. 어떤 사람들은 "그렇지 않으면 차라리 전도하지 않는 게 좋다."고까지 한다. 하지만 이 생각은 분명 잘못된 것이다.

이 생각은 어디서 나왔는가?

너희 마음에 그리스도를 주로 삼아 거룩하게 하고 너희 속에 있는 소망에 관한 이유를 묻는 자에게는 대답할 것을 항상 예비하되 온유와 두려움으로 하고 벧전 3:15.

여기서 "이유를 묻는 자에게는 대답할 것을 항상 예비하되"라는 말을 어떤 사람들은, 전도하려면 믿는 바를 변호할 수 있어야 한다고 해석한다.

그러나 베드로가 이렇게 말한 배경은 무엇인가? 베드로는 삶이 힘들어도 하나님을 경외하라고 권면하는 중이다. 최선의 기회는 옳은 일을 하다가 고난을 받을 때 오는 것이다.

베드로는 "너희가 열심으로 선을 행하면 누가 너희를 해하리요"13절라고 도전한다. 사람들은 보통 선을 행하는 자들은 해치지 않지만, 악을 행하는 자들에게는 해를 가한다. 그러나 베드로는 "그러나 의를 위하여 고난을 받으면 복 있는 자니 저희의 두려워함을 두려워 말며 소동치 말고" 14절라고 말한다. 만약 옳은 일 때문에 고난을 당한다면, 놀라지도, 위축되지도 말라는 것이다.

이런 말을 하기는 쉽지만 이대로 행하기는 어렵다. 옳은 일을 했다고 고난을 당할 때 어떻게 위축되지 않겠는가? 그러나 베드로는 "너희 마음에 그리스도를 주로 삼아 거룩하게 하라"고 대답한다. 거룩이란 말은 "따로 분리한다"는 뜻이니, 곧 주 하나님을 네 마음속에 따로 두라는 의미이다. 하나님을 두려워하면 사람을 두려워하지 않게 된다.

초대교회 교인들의 귀에 무서운 박해가 자행된다는 소식이 들렸다. 신자들은 사자의 밥이 되기도 하고, 장작더미 위에서 화형을 당하기도 했다. 그래도 이런 경우는 빨리 숨이 끊어지기 때문에 좀 나은 편이다. 네로 황제는 신자들을 끈적거리는 역청에 집어넣었다가 정원을 밝히는 횃불로 사용했다고 한다. 동물 가죽을 몸에 씌워 사냥개들에게 물어 뜯기게 하기도 했다. 또한 다른 이들은 뜨거운 납을 몸에 붓고, 뜨거운 동판을 몸의 가장 연약한 부분에 붙이고, 눈을 뽑고, 불에 덴 손발에 찬물을 부어 고통을 주었다. 그들의 고난은 차마 볼 수 없을 지경이었지만 베드로는 "저희의 두려워함을 두려워 말며 소동치 말라"고 했다.

베드로는 이사야서 8:12-13을 인용했다. "이 백성이 맹약한 자가 있다 말하여도 너희는 그 모든 말을 따라 맹약한 자가 있다 하지 말며 그들의 두려워하는 것을 너희는 두려워하지 말며 놀라지 말고 만군의 여호와 그를 너희가 거룩하다 하고 그로 너희의 두려워하며 놀랄 자를 삼으라." 침략을 당한 이스라엘 백성들은 하나님을 신뢰할 수 없었다. 그래서 하나님은 선지자들에게 그들의 두려움을 말하지 말라고 하셨다. 대신 그들은 하나님을 신뢰해야 했다. 베드로 역시 독자들에게 마음 중심에 주님을 모시면 모든 두려움이 물러간다고 강조한 것이다.

그 결과는 무엇일까? 베드로는 이렇게 계속한다. "너희 속에 있는 소망에 관한 이유를 묻는 자에게는 대답할 것을 항상 예비하되 온유와 두려움으로 하고." 만약 옳은 일을 하고도 고난을 당할 때 움츠러들지 않으면 사람들은 그 이유를 알고 싶어할 것이다. 바로 그때 질문하는 모든 사람에게 우리 안에 있는 소망에 대한 이유를 전하라는 것이다. "대답할 것"이라는 말은 헬라어를 번역한 것으로, 법정에서 쓰는 법률용어이다. 이는 피고소인을 대신하여 변호하는 변호인의 유식한 답변을 말한다. 이 답변은 두려움과 온유로 해야 하는데, 곧 사람에게는 겸손으로, 하나님께는 경외심으로 해야 한다.

이 구절이 어떻게 전도를 주저하게 하는 데 사용되었는지 쉽게 알 수 있다. 베드로전서 3:15 어느 곳에도 "전도하기 위해서는 믿는 바를 변호할 수 있어야 한다."고 암시하는 곳은 없다. 이 구절의 문맥상 의미는 그렇지 않다. 물론 변증법이 도움이 되기도 하지만, 이 구절이 변증을 필요로 한다고 주장하는 것은 아니다. 단지 옳은 일을 하다가 고난을 당할 때 굳게 싸워나가라는 것을 가르치고 있다. 지식과 겸손으로 당신을 반대하는 사람들에게 당신 안에 있는 소망에 관해 설명해 주라.

베드로전서 3:15은 옳은 일을 하다가 당하는 고난은, 주님을 대신해 증거할 수 있는 기회가 된다고 말한다. 결코 전도할 때 믿는 바를 변호해야만 한다고 선언하는 것이 아니다.

고린도와 아테네에서의 사역에 대해 바울은 어떻게 말했는가?

바울은 자신이 믿는 바를 어떻게 변호할지 알았다. 그는 지식인들의 도시로 알려진 다소 출신으로, 로마법과 관습에 대한 지식에서 따를 사람이 없을 정도로 박식했다. 또한 헬라어에 능통하고, 당시 가장 위대한 교사 중의 하나인 가말리엘의 제자였다. 만약 패널 토의에 나갔다면 그는 항상 최우수 토론자로 뽑혔을 것이고, 무신론자를 만났다면 하나님의 존재를 증명하고도 남았을 것이다.

그러므로 고린도전서 2:1-2의 선언은 놀라운 것이다. "형제들아 내가 너희에게 나아가 하나님의 증거를 전할 때에 말과 지혜의 아름다운 것으로 아니하였나니 내가 너희 중에서 예수 그리스도와 그의 십자가에 못 박히신 것 외에는 아무것도 알지 아니하기로 작정하였음이라." "작정하였음이라"고 한 것을 보면 이전의 상황을 의미하는 것이다. 그의 결정은 도시 안에서가 아니라 도시 밖에서 이루어진 것이다. 고린도에는 토론과 논쟁을 즐기는 다양한 지식인들과 철학자들로 가득 차 있었다. 그러나 바울이 그 도시에 들어와 처음 전한 소식은 복음의 좋은 소식이었다. 그는 "그리스도와 그의 십자가"를 전했다. 그는 자신이 믿는 바를 변론하면서 그 도시에 들어간 것이 아니었다. 그는 자신이 믿는 바를 선포하며 도시에 들어섰다.

그의 태도는 아테네의 청중 앞에서도 변하지 않았다. 그가 철학자들과 마주쳤을 때 그의 사역의 전략이 어땠는지를 보여 주는 구절이 있다. "어떤 에비구레오와 스도이고 철학자들도 바울과 쟁론할새 혹은 이르되 이 말장이가 무슨 말을 하고자 하느뇨 하고 혹은 이르되 이방 신들을 전하는 사람인가보다 하니 이는 바울이 예수와 또 몸의 부활 전함을 인함이러라"행 17:18.

고린도에서나 아테네에서 바울은 모두 그리스도를 전파했다. 하나님은 그리스도를 변호하는 것보다 그리스도를 전파하기를 원하셨다고 바울은 믿었다.

믿음을 변호하지 못하는 새 신자들이 더 많은 불신자를 그리스도께로 인도한다

다른 어떤 그룹보다 새 신자들이 더 많은 사람들을 그리스도께로 인도한다. 새 신자들은 인생의 해답을 발견하고 감격하여 온 세상이 그리스도를 알아야 한다고 확신한다. 그들이 아는 사람들은 거의가 불신자들이다. 새 신자들은 용감하게 열정적으로 친구들에게 그리스도를 전한다.

새 신자들은 그리스도인이 된 지 얼마 되지 않았으므로 성경 지식이 많지 않다. 그들은 옛 친구들에게 자신이 아는 한 가지만 전한다.

"그리스도께서 네 죄 때문에 죽으시고 다시 살아나셨어. 개인적으로 그분을 의지하면 너도 영생을 선물로 받을 수 있어."

그들이 얼마나 더 깊은 메시지를 전할 수 있을까? 성경에 오류가 없다는 것을 설명할 수 있을까? 그리스도의 신성을 변호하며, 부활의 배경이 되는 역사적 사실을 증명할 수 있을까? 삼위일체 하나님을 설명할 수 있을까? 거의 불가능할 것이다. 믿는 바를 변증할 수 있어야 전도할 수 있다면, 새 신자들은 친구들을 그리스도께로 인도할 수 없을 것이다.

최근에 한 이야기를 읽었는데, 그 주인공의 회심은 너무 극적이라서 사람들이 그의 삶의 변화를 확연히 볼 수 있을 정도였다. 그는 14개월 동안에 무려 100여 명을 주님께로 인도했다. 그가 알고 있었던 것은 간단한 복음 메시지가 전부였다. 지금 이 글을 쓰고 있는 중에 한 목사님과 통화했는데, 그도 자기 교회에서 많은 사람을 주께로 인도하는 사람들은 바로 새 신자라는 이야기를 했다. 그 신자는 자기가 아는 한 구절, 요한복음 3:16만 가지고 사람들을 데려오고 있었다.

불신자들이 모두 똑같은 갈등을 하는 것은 아니다

사람들은 각기 다른 질문을 갖고 기독교에 접근한다. 어떤 사람은 예수 그리스도가 정말 하나님의 아들인가 하는 문제로 갈등한다. 어떤 사람은 성경에 기록된 대로 성경이 정말 하나님의 말씀이냐고 의문을 제기한다. 또 어떤 사람은 그리스도의 제안은 오직 "천하고 소외된 자들"만 위한 것인데, 존경받고 잘사는 사람들에게 왜 구주가 필요하냐고 반문한다. 어린아이들이 어린 나이에 죽고, 어른들은 고통스럽게 죽어가는데, 이런 것을 그냥 두는 분을 사랑의 하나님이라고 할 수 있느냐고 묻는 사람도 있다.

"복음을 전하려면, 먼저 믿는 바를 변증할 수 있어야 한다."고 주장한다면, 성숙한 신자라 할지라도 어디서부터 시작해야 할지를 모른다. 불신자들이 어떤 질문으로 반박할지는 아무도 알 수 없다.

가까운 친구 척이 어떤 사람과 상담하면서 이렇게 물었다.

"영적인 일에 관심이 있습니까?"

그러자 그 사람은 하나님께 대한 분노를 터뜨렸다. 그는 어렸을 때 하나님께 "아버지가 우리 형제들과 어머니를 때리지 않게 해주십시오!"라고 간절히 기도했다. 어린 나이의 상처는 잠깐이었지만, 분노와 불안은 수십 년이 가도 그의 안에 그냥 남아 있었다. 그에 의하면 "하나님은 내 기도를 듣지 않는 분"이었다. 척은 물었다.

"가정 폭력에 대한 책임이 하나님께 있다고 생각합니까?"

"글쎄……아니지요. 아버지에게 책임이 있지요."

"그런데 왜 하나님을 탓하십니까?"

그는 대답을 하지 못했다. 그러자 척은 이렇게 물었다.

"죽으면 천국에 갈 수 있다는 사실을 분명하게 알기 원합니까?"

그는 그렇다고 대답했다. 척은 다시 물었다.

"당신이 하나님 앞에 섰을 때, 하나님께서 '왜 너를 천국에 들여보내야 하느냐?' 고 물으시면 어떻게 답하겠습니까?"

"나는 선하게 살았다고 대답하렵니다."

척은 성경을 꺼내놓고, 전도지부록 참조를 가지고 복음을 설명했다. 그 사람은 그리스도를 의지했고, 이 모든 일이 1시간 동안에 일어났다. 그 후 그의 삶은 놀랍게 변화되었다. 척은 그 사람이 무슨 말로 반박할지도, 어디서 마음이 통할지도 알 수 없었다. 그러나 척은 방어적인 자세로 끌려가지 않았다. 오히려 기회를 잡아 그리스도의 기쁜 소식을 선포했다.

우리가 믿는 바를 변증해야 하지 않겠는가?

때로는 우리가 믿는 바를 변증하는 것이 도움이 되지 않을까? 물론 도움이 된다. 많은 불신자들이 복음을 접한 다음에, "하지만 나는 성경을 믿지 않아요."라고 말한다. 이럴 때 새 신자는 아마도 '더 이상 무슨 말을 하겠어? 이 사람이 성경을 믿지 않는다면 이야기는 다 끝난 거지.'라고 생각할 것이다. 그러나 복음을 가르치는 사람은 이런 반응에 훌륭하게 대응할 수 있다. 성경은 진실로 하나님의 말씀이지만, 성경 외에도 기독교를 지지하는 사실들이 많다. 그리스도의 부활은 현저한 시금석이다. 부활의 배경에 있는 모든 증거들을 수집한다면, 부활은 가장 시험을 많이 당한 역사적 사실이 될 것이다. 이렇게 말하면 현명한 대답이 될 것이다.

"그러나 기독교에 대한 증거는 성경뿐만이 아니에요. 그리스도의 빈 무덤을 생각해 보세요. 무신론자들조차도 그 초자연적인 사건을 반증하지 못한 걸요? 빈 무덤을 정직하게 객관적으로 검토해 보세요. 그리스도를 거절하기 전에 먼저 부활이 거짓이라고 증명할 수 있어야 해요. 아무도 이것을 증명하지 못했답니다."

그러면 초점을 찾은 것이다. 듣는 사람들은 호기심에 '내가 정말 기독교의 증거를 찾아볼 생각이 있는가?'라는 생각을 하게 된다. 이런 질문에 어떻게 대응해야 할지를 아는 것은 도움이 되지만, 전도하기 위해 이런 능력을 갖추어야 한다는 말은 정확하다고 할 수 없다. 이런 생각을 성경 말씀으로 뒷받침하는 것은 성경을 잘못 사용한 것이다.

결론

우리가 믿는 바를 변호할 수 있다는 것은 전도에 도움이 된다. 이것은 개발해야 할 기술이다. 그러나 성경이 "전도하기 위해서는 믿는 바를 변호할 수 있어야 한다."고 가르치지는 않는다. 새 신자들이 누구보다도 더 많은 사람들을 그리스도께로 인도한다. 그들은 그리스도께서 우리 죄를 위하여 죽으시고 다시 살아나셨다는 간단한 진리를 알기 때문이다. 하나님은 이런 열정적인 선언을 사용하시어 많은 무리를 그리스도께로 인도하신다.

> **내가** 믿는 바를 변호할 수 있다면 전도에 도움이 된다. 그러나 성경은 전도하려면 먼저 믿는 바를 변호할 수 있어야 한다고 가르치지는 않는다.

MISCONCEPTION 7

전도가 두렵다면,
전도의 은사를 받지 못한 것이다.

동네 빵집에 부드럽고 달콤한 도넛을 사러 갔다. 가게 주인이 친절하게 맞으며, 아내와 아이들 안부를 묻는다. 가게 안에는 부드러운 음악이 조용히 흐르고 있다. 이런 분위기라면 영적인 문제를 이야기하기에 좋을 것 같다. 친구들은 내게 전도의 은사가 있는 것 같다고 말한 적도 있다. 하지만 지금 이 자리에 서 있는 나는 그리스도를 언급하는 것조차 두렵다. 내 손은 떨리고 입은 마르고 심장은 쿵쿵거린다. 그렇다면 이것은 전도의 은사가 없다는 것을 증명하는 것인가?

전도하려 할 때 두려움을 느낀다면 전도에 은사가 없는 것이라고 많은 사람들이 믿는다. 그들은 "나는 전도의 은사가 있다는 생각이 들기도 해. 그러나 어떤 때는 겁에 질려 죽을 것 같기도 하니, 은사가 없는 것이 분명해."라고 말하기도 한다.

이것이 사실인가? 전도가 두려웠던 적이 있었다고, 그것이 전도의 은사가 없다는 뜻일까? 두려움이 전도의 은사가 없다는 증거일까?

전도의 은사란 무엇인가?

"전도의 은사란 무엇입니까? 그리스도인은 누구나 전도해야 할 책임이 있는 것 아닙니까?"라고 질문할 수도 있다. 영적 은사를 가진 사람에 대해 바울은 "그가 혹은 사도로, 혹은 선지자로, 혹은 복음 전하는 자로, 혹은 목사와 교사로 주셨으니"엡 4:11라고 기록하고 있다. 전도의 은사는 어떤 것을 포함하는가?

'복음'이란 헬라어 유앙겔리온에서 온 것으로 "좋은 소식"이란 뜻이다. 그러므로 전도자란 "그리스도의 죽음과 부활이라는 좋은 소식을 전하는 사람"이란 뜻이다. 헬라어 단어밖에 없었다면 우리는 "전도는 복음을 전하는 능력"으로만 알고 있을 것이다.

그러나 우리에게는 이 단어만 있는 것이 아니다. 에베소서 4:11의 문맥을 살펴보면 이런 질문을 하게 된다. "왜 하나님은 이런 은사를 가진 사람들을 그리스도의 몸에 두셨는가?" 그 다음 구절은 이렇게 답한다. "이는 성도를 온전케 하며 봉사의 일을 하게 하며 그리스도의 몸을 세우려 하심이라"12절. 그러니까 전도의 은사는 잃어버린 자들에게 나아갈 뿐 아니라 신자들을 교화하는 기능도 포함하고 있다는 말이다. 전도자의 은사는 복음에 중심을 두고 있으므로, 신자들을 도와 효과적으로 전도하는 방법을 가르치는 것이라고 하는 것도 맞는 말이다. 즉, 전도자의 은사는 양면이 있는데, 하나는 불신자들에게 전하는 것이요, 다른 하나는 신자들을 전도 훈련으로 무장시키는 것이다.

이런 은사를 모든 신자들이 가진 것은 아니다. 그렇다고 모든 신자들에게 전도의 책임이 있다는 사실이 바뀌는 것은 아니다. 예수께서 제자들에게 처음 가르치신 말씀은 "나를 따라오너라 내가 너희로 사람을 낚는 어부가 되게 하리라"마 4:19였다. 예수님의 제자들이 모두 전도할 책임은 있었으나, 그들이 모두 전도의 은사를 가진 것은 아니었다.

전도의 은사는 헌금의 은사에 비유할 수 있다. 모든 신자들은 하나님께 드려야 할 책임이 있다. 고린도후서 9:7은 주의를 환기시킨다. "각각 그 마음에 정한 대로 할 것이요 인색함으로나 억지로 하지 말지니 하나님은 즐겨 내는 자를 사랑하시느니라." 그렇지만 어떤 사람들은 하나님이 특별히 주신 드리는 은사가 있어서, 자신의 자원을 사람들과 나누고 그렇게 함으로 큰 기쁨을 누린다. 이와 마찬가지로 모든 그리스도인들은 복음을 전할 책임이 있으나, 어떤 사람에게는 특별히 하나님께서 주신 능력이 있어서 그리스도를 나누고, 그렇게 함으로 큰 만족을 누린다.

"전도할 때 두렵다면 전도의 은사가 없다는 증거인가?"

전도의 은사를 이해했으니, 이제 다음 질문을 생각해 보자.

"두렵다는 것은 은사가 없다는 뜻인가?"

성경은 이 은사를 설명하면서 두려움에 관한 주제는 언급하지 않는다. 다시 말하지만, 전도의 은사는 불신자들에게 다가가는 사역일 뿐 아니라, 또한 신자들을 무장시키는 사역이라는 양면을 다 포함하는 것이다. 이 은사의 양면을 다 보아도 두려움에 관한 언급은 없다.

성경에 언급된 유일한 전도자는 빌립이다. 에티오피아 내시에게 그리스도를 전할 때 그는 하나님의 특별한 지시를 받는다 행 8:26-39. 하나님의 성령이 그에게 "이 병거로 가까이 나아가라"29절고 지시하신다. 성경은 이렇게 기록한다. "빌립이 달려가서 선지자 이사야의 글 읽는 것을 듣고 말하되 읽는 것을 깨닫느뇨"30절. 에티오피아 사람은 경청하는 태도를 가진 사람이었다. "지도하는 사람이 없으니 어찌 깨달을 수 있느뇨"31절. 이 상황에서는 두려워할 이유가 아무것도 없다. 만약 그 사람이 적대감을 좀 보였다면 빌립이 두려워했을지는 모르겠다.

전도자들이라고 초인들은 아니다. 그들은 초자연적인 은사를 받았지만 보통 사람들이다. 보통 사람들이 전도하면서 어떤 두려움을 느끼는가? 분명히 목사, 교사의 은사를 가졌으나 전도를 많이 한 바울은 무엇인가 알려주고 있다. "형제들아 내가 너희에게 나아가 하나님의 증거를 전할 때에 말과 지혜의 아름다운 것으로 아니하였나니 내가 너희 중에서 예수 그리스도와 그의 십자가에 못 박히신 것 외에는 아무것도 알지 아니하기로 작정하였음이라 내가 너희 가운데 거할 때에 약하며 두려워하며 심히 떨었노라"고전 2:1-3.

연약함이란 그의 "육체의 가시"고후 12:7로부터 볼품없는 외모로 인한 육체적 열등의식까지 여러 가지를 의미할 수 있다. 육체적으로 볼 때 바울은 체육관에 다니는 사람처럼 멋진 남성은 아니었다. 혹자가 말하듯이 연약한 사람은 아니었을지 모르나, 축구선수처럼 당당한 몸매도 아니었다.

그에게 두려움이란 그 도시의 완악함(그는 사람들에게 인기가 없었다)에서부터 유대인들의 적대감(그들은 바울을 원하지 않았다)까지 모든 것을 의미할 수 있다. 때로 바울은 자기에게 친구들이 있다고 생각했으나, 때로 친구를 그리워하며 찾기도 했다. 이런 그의 감정을 "두려움" 외에 더 잘 표현할 수 있는 말이 있겠는가?

"떨림"이란 아마도 긴장으로 몸이 흔들리는 것을 의미할 것이다. 만약 당신이 바울이 복음을 전하는 장소에 있었다면, 아마 "이 사람은 좀 불안해 하는군." 하며 자리를 떴을지도 모른다.

이제 에베소서 6:19을 보자. 그리스도의 몸된 지체들, 형제 자매들에게 바울이 보낸 두 가지 기도 제목은 무엇이었는가?

내게 말씀을 주사 나로 입을 벌려 복음의 비밀을 담대히 알리게 하옵소서 할 것이니.

바울의 두 가지 요청은 "입을 여는 것"과 "담대함"이다. "내게 말씀을 주사"라 함은 "내가 입을 열면, 무슨 말이 나오게 하소서."라는 뜻이다. 바울은 말이 잘 나오지 않는 것을 염려하고 있었음이 분명하다. "나로 입을 벌려……담대히"라는 말은 "내 입에서 말이 나올 때, 담대히 나오게 하소서."라고 번역할 수 있을 것이다. 그러므로 바울의 소원은 단지 복음의 선포자가 아니라 담대한 선포자가 되는 것이었다.

두려움을 겪지도 않으면서, 이와 같은 기도를 부탁하겠는가? 두려움이 없다면 이 두 가지 기도 제목은 의미가 없는 것이다. 그러므로 바울이 복음을 전하면서 두려움을 느꼈다고 결론지어도 좋겠다. 그러나 바울은 전도하면서 기도했고, 다른 사람들도 그를 위해 기도했다. 그 결과로 두려움이 담대함을 덮은 것이 아니라, 담대함이 두려움을 이긴 것이다.

지금까지 살펴본 것처럼, 경건한 성품도, 전도의 은사도 두려움을 피하게 할 수는 없다.

은사를 받은 전도자들

우리는 언제나 경험으로부터가 아니라 성경으로부터 결론을 이끌어 내야 한다. 동시에 성경은 경험으로 증명되어야 한다. 여기서 생각해 보아야 할 질문은, "전도의 은사를 받은 전도자들이 과연 두려움을 인정했는가?" 하는 것이다.

나는 전세계의 은사 받은 전도자들을 만나보았다. 그들 중 많은 사람들이 두려움을 극복하기 위하여 하나님을 의지했던 경험을 이야기했다.

일리노이의 한 교회에서 말씀을 전하고, 목사님 내외와 다른 두 부부와 함께 점심을 같이한 일이 있었다. 우리는 맛있는 고기를 구우면서 전도에 대한 이야기를 나누고 있었다. 그 중 한 여인은 스스로의 고백으로도, 또 목사님이 보기에도 전도의 은사를 받은 사람이었다. 마치 접대하는 은사를 받은 사람이 손님을 환영하듯이, 그 여인은 전도할 기회를 적극 환영했다. 그런 그녀가 이런 말을 했다.

"나는 전도의 은사를 받았다고 믿지만, 때로는 그리스도를 전하는 일이 두렵습니다. 이 두려움을 극복할 수 있는 좋은 방법이 없을까요?"

나는 그 여인이 전도의 은사를 가졌다는 것을 믿으면서도 두려움을 인정한 것을 칭찬해 주었다. 그리고 몇 가지 이야기를 해주면서, 기도를 강조하고, 복음 전하는 방법을 나누고, 특별히 순종할 것을 부탁했다.

레이튼 포드는 수년 동안 빌리 그레이엄 전도회의 순회 전도자로 섬겼다. 그는 이런 말을 한 적이 있다.

"나는 14살부터 간증을 하고 내 믿음을 사람들과 나누었습니다. 6만 명의 군중 앞에서 복음을 전한 적도 있습니다. 하지만 지금도 개인적으로 그리스도를 증거할 때는 긴장합니다."

빌리 그레이엄은 탁월한 전도자로 유명하다. 그런 그도 그리스도를 일대일로 나눌 때 두려움을 느낀다고 고백한 글을 읽은 적이 있다. 천 명의 군중 앞에서보다 한 사람 앞에서 복음을 전하는 것이 때로는 더 큰 용기가 필요하다는 것에 그도 동의할 것이다.

나는 여러 번 이런 말을 했다.

"내가 복음을 전하지 않는다면, 왜 살아 있어야 하는가?"

내게 전도란 그렇게 흥분되는 일이다. 그렇다면 두려움 없이 이렇게 했던 적이 있는가? 있다. 그러나 그것은 아주 예외적인 경우이다. 보통 나는 그 사람이 어떻게 반응할 것인지 두려워한다. '영적 주제를 꺼내면

저 사람이 기분 나빠할까? 이렇게 해서 관계를 망치는 것은 아닐까?' 하는 생각에 긴장, 불안, 두려움을 느낀다. 그러나 그때마다 하나님께 담대함을 구했고, 필요한 용기를 얻을 수 있었다.

   9. 11. 테러 사건 몇 주 후, 댈러스에서 엘파소로 가는 비행기를 탔다. 내 옆에 앉은 여인은 남편과 함께 감자 농장을 하고 있었다. 나도 농장에서 자랐기에 우리는 서로 대화가 통했다. 나는 영적 주제로 화제를 바꾸려고 틈을 보고 있었지만, 두 가지 이유로 두려움을 느끼고 있었다. 하나는 그 여인이 어떻게 반응할지 모른다는 것이었다. 그 여인은 상냥했지만, 그 상냥함이 영적 대화에서도 지속될 것인지 확신할 수 없었다. 다른 하나는 그녀의 남편이었다. 그는 우리 대화를 듣고 있었는데, 내가 자기 아내에게 그리스도가 필요하다는 이야기를 했을 때 좋아할지는 알 수 없는 일이었다.

   나는 하나님께 용기를 구했고, 하나님이 담대함을 주신다고 느꼈다. 그 여인은 9. 11. 테러 사건 이후 "대통령까지도 기도에 대한 이야기를 한다."고 말했다. 그것은 좋은 기회였다. 나는 복음을 전하고 전도지를 주면서, 하나님이 그 여인을 그리스도께로 인도하시는 데 그 전도지를 사용하시기를 바랐다. 거기 있는 나는 전도자로 은사를 받았지만 여전히 두려움을 느끼는 사람이었다. 내가 할 수 있는 것은 오직 하나님께 담대함을 구하는 것뿐이었다.

   "전도의 은사를 받은 사람은 두려워하지 않는다."라는 생각에는 어떤 위험이 있는가?

   나는 많은 사람들이 전도의 은사를 받았다고 믿지만, 그들은 그것을 깨닫지 못하는 것 같다. 두려움을 느끼는 사람들은 두려움을 근거로 은사를 받았느냐 아니냐를 결정해서는 안 된다. 영적 은사는 그것을 활용하고 발휘함으로써만 개발된다. 두려움을 근거로 은사를 부정하는 것은 은사의 개발을 막는 것이다. 오히려 우리는 그런 은사의 가능성에 마음을 열어야 한다. 경건한 사람들과 교제하고 기독교 사역을 경험해 보면, 전도의 은사를 가졌는지 결정하는 데 도움이 된다. 그럴 때 기억해야 할 것은, 전도자들도 때로는 두려움을 경험한다는 것이다.

결론

"전도가 두렵다면, 전도의 은사를 받지 못한 것이다."라는 말이 성경에는 없다. 전도의 은사를 받은 사람들도 두려움을 경험한다.

> **전도**에 두려움을 느낀다고 해서, 은사를 받지 않은 것은 아니다.

오해 8 　MISCONCEPTION

불신자들을 위해 울지 않는다면, 효과적으로 전도할 수 없다.

"진지하다", "좌절에 빠져 있다", "혼란스럽다."

이 세 단어는 다음 편지의 주인공을 잘 묘사한다. 사람마다 그 표현 방법이 다르기는 하겠지만, 그 여인은 많은 사람들이 느끼는 좌절감을 잘 드러내고 있다.

잃어버린 자들을 위해 눈물을 흘리지 않는다면, 효과적으로 전도할 수 없다는 이야기를 들었습니다. 그런데 어떻게 억지로 눈물을 만들어 낼 수 있습니까? 잃어버린 자들을 위해 순수한 관심과 연민의 정을 느껴야 한다는 말에는 동의합니다. 구주가 없이는 그들이 영원한 지옥에 갈 수밖에 없기 때문이죠. 그러나 주님이 우리를 전도에 사용하시기 전에 눈물이 꼭 필요한가요?

하나님은 이런 생각을 성경에 전해 주시지 않았다. 대부분의 오해와 마찬가지로 이런 생각도 보통 사람에게서 나온 것이지 특별한 성경 구절에서 나온 것은 아니다.

대개 어떤 사람들이 이런 이야기를 하는가?

"불신자들을 위해 울지 않는다면, 효과적으로 전도할 수 없다."는 말을 하는 사람들은 보통 눈물을 잘 흘리는 사람들이다. 수많은 사람들이 "나는 잘 운답니다."라고 말한다. 그런 사람들이 그리스도 없이 영원한 지옥을 향해 가는 사람들 때문에 우는 것은 자연스럽다.

그렇게 잘 우는 사람들이 전도의 은사를 받았다면, 그들은 울면서 더욱 잃어버린 자들에 대한 부담을 느낀다. 그런 사람들이 긍휼의 은사를 받았다면, 그들은 주님을 소유하지 못한 사람들을 포함하여 낙심하는 사람들을 위해 더욱 마음 아파한다. 또는 그들이 전도나 긍휼의 은사를 받지 못했을지라도, 그들은 곧잘 울게 된다.

수년 전에 마음이 매우 여린 사람을 만난 일이 있는데, 그는 동정심을 강하게 느끼는 사람이었다. 사람들의 필요를 말하면서도 그는 때때로 눈물을 보였다. 언젠가는 "저를 용서해 주세요. 저 스스로 너무 쉽게 우는 것이 거슬린답니다. 그러나 어쩔 수가 없어요."라는 말을 하기도 했다. 그는 용서를 구할 필요는 없었다. 다른 사람들이 그렇게 쉽게 울지 않는 반면에, 하나님은 그를 부드러운 사람으로 만드신 것뿐이다. 그의 영적 은사는 잘 모르겠지만, 그는 감정적인 사람으로 잘 운다는 것은 분명하다.

내가 만난 사람들 중에, "불신자들을 위해 울지 않는다면, 효과적으로 전도할 수 없다."고 말하는 사람들은 모두 쉽게 눈물을 흘리는 사람들이었다.

눈물이 필수적이라는 말은 성경적인가?

연민의 정을 눈물로 표현하지 않는다고 사람들을 정죄한다면 잘못이다. 물론 잃어버린 영혼들이 지옥을 향해 가는 것을 보고도 관심이 없는 사람이 있다면 이것은 문제다. 그러나 눈에 보이게 슬퍼하지 않는다거나, 잃어버린 사람을 위해 울지 않는다고 해서 문제가 되는 것은 아니다. 성경은 전도하기 위해 눈물을 흘려야 한다고는 말하지 않는다. 어떤 사람인지, 무엇에 잘 흥분되고 부담을 느끼는지에 따라 우는 것일 뿐이다.

내 친구 하나는 가르치는 은사가 있다. 그는 그냥 가르치는 것을 즐기는 것이 아니라, 그 일에 희열을 느낀다. 어떤 사람이 그의 가르침을 통해 인생이 바뀌었다는 이야기를 하면서 그의 눈은 눈물로 가득했다. 나는 두 학교에서 정기적으로 가르치는 교수이고, 다른 곳에서도 강의를 한다. 가르침을 통하여 잃어버린 영혼들을 대하는 사람들의 태도가 변하는 것을 보는 것은 내게 큰 보상이다. 나는 가르치는 것을 즐기고, 그 결과에 흥분한다. 그러나 이런 느낌이, 잃어버린 사람을 그리스도께로 인도하는 동안 느끼는 감정과는 비교가 안 된다. 나는 전도할 때보다 더 감격스러울 때가 없다. 이 차이는 은사의 문제이다.

내 아내는 사람들의 아픔을 느끼고 어려운 사람을 잘 돕는 긍휼의 은사가 있다. 다른 사람이 상처를 받으면 아내는 그것을 함께 느낀다. 긍휼의 은사를 받은 사람들은 감정 이입으로 다른 사람에 대한 부담을 잘 느껴서 자칫 주의하지 않으면 온 세상의 짐을 다 지려고 한다. 아내는 다른 사람들의 상처를 보고 쉽게 눈물을 흘린다. 친구의 힘겨운 결혼 생활에 눈물을 흘리고, 마약 중독으로 갈등하는 젊은이를 보고 눈물 짓는다. 장애를 안고 태어난 아이를 보아도 눈물을 흘린다. 아내는 물론 잃어버린 영혼들을 향한 연민의 정이 있다. 그러나 그녀의 눈물은 잃어버린 영혼들보다는 상한 심령들 때문이다. 나와는 다르게, 내 아내가 잃어버린 영혼을 위해 울지 않는다고 해서 그 영혼에 관심이 없다는 말은 아니다. 반대로 내 아내는 상한 심령을 위하여 우는데 나는 그렇지 않다고 해서 내가 상한 심령에 관심이 없다는 말이 아니다. 눈물이 아니라 관심이 중요한 것이다.

전도에 눈물이 효과적이라고 성경은 말하지 않는다. 눈물이 나는 것은 무엇이 우리를 흥분시키고 부담을 주느냐 하는 개인의 차이일 뿐이다.

성경은 무엇을 강조하는가?

우리가 잃어버린 자들에게 느껴야 할 감정은 연민이다. 그리스도는 연민이 넘치셨는데, 이는 그들을 불쌍히 여기셨다는 뜻이다.

1. "무리를 보시고 민망히 여기시니 이는 저희가 목자 없는 양과 같이 고생하며 유리함이라"마 9:36. 예수께서 사람들에게 복음을 전하시고, 회당에서 가르치시고, 병자들을 고치신 후의 반응이다.

2. "예수께서 나오사 큰 무리를 보시고 불쌍히 여기사 그 중에 있는 병인을 고쳐 주시니라"마 14:14. 예수님을 따라 도시를 떠나 광야로 나온 5천 명을 먹이시기 전이다.

3. "예수께서 제자들을 불러 가라사대 내가 무리를 불쌍히 여기노라 저희가 나와 함께 있은 지 이미 사흘이매 먹을 것이 없도다 길에서 기진할까 하여 굶겨 보내지 못하겠노라"마 15:32. 예수님을 따라 광야로 나온 4천 명을 먹이기 위한 준비를 하시는 상황이다.

4. "예수께서 민망히 여기사 저희 눈을 만지시니 곧 보게 되어 저희가 예수를 좇으니라"마 20:34. 예수님이 지나가실 때에 고쳐달라고 한 두 맹인에 대한 반응이다.

5. "예수께서 민망히 여기사 손을 내밀어 저에게 대시며 가라사대 내가 원하노니 깨끗함을 받으라 하신대" 막 1:41. 예수님이 문둥병자를 고쳐 주시자, 그리스도가 누구인지 밝혀지고 무리가 주님을 찾게 된다.

6. "예수께서 나오사 큰 무리를 보시고 그 목자 없는 양 같음을 인하여 불쌍히 여기사 이에 여러 가지로 가르치시더라" 막 6:34. 5천 명을 먹이시기 전의 상황 마 14:14을 보고 마가는 이렇게 기록했다.

7. "내가 무리를 불쌍히 여기노라 저희가 나와 함께 있은 지 이미 사흘이매 먹을 것이 없도다" 막 8:2. 그리스도께서 4천 명을 먹일 준비를 하시는 상황 마 15:32을 마가는 이렇게 묘사했다.

8. "주께서 과부를 보시고 불쌍히 여기사 울지 말라 하시고" 눅 7:13. 그리스도께서 과부의 아들을 살리시는 상황으로, 이 기적은 그가 누구신지 그 권위를 증명했다.

이 모든 상황에서 예수님의 눈에 눈물이 고였는지에 대한 기록은 없다. 그러나 그리스도께서 연민의 정을 가지셨다는 것은 분명하다. 불쌍히 여기는 마음은, 눈에 눈물이 없어도 우리를 움직여서 잃어버린 자들에게 그리스도를 전하게 한다.

바울은 하나님의 선택한 백성, 곧 유대인들이 잃어버린 바 된 것을 불쌍히 여겼다. "내가 그리스도 안에서 참말을 하고 거짓말을 아니하노라 내게 큰 근심이 있는 것과 마음에 그치지 않는 고통이 있는 것을 내 양심이 성령 안에서 나로 더불어 증거하노니 나의 형제 곧 골육의 친척을 위하여 내 자신이 저주를 받아 그리스도에게서 끊어질지라도 원하는 바로라" 롬 9:1-3.

바울은 유대인들 대부분이 복음을 거절하는 것에 애통해 한다. 그들의 이런 상태를 생각하는 바울의 눈에 눈물이 고였을까? 그런 이야기는 성경에 없다. 성경은 그가 그들을 불쌍히 여겼고, 그에게 "큰 근심"과 "그치지 않는 고통"을 안겨주었다는 것만 강조하고 있다. 바울은 스스로 저주를 받아 그리스도로부터 끊어질지라도 그들이 구원받기만 하면 좋겠다고 했다. 물론 그런 희생일지라도 그들을 구원에 이르게 하지는 못한다. 바울은 주님을 알지 못하는 동족에게 얼마나 연민을 느끼는지를 표현한 것이다.

나는 "사내아이는 울지 않는 법이다."라는 말에 동의하지 않는다. 나는 우는 것을 부끄러워하지 않으나, 어떤 이들처럼 쉽게 울지는 않는다. 나는 겉으로보다는 속으로 슬퍼한다. 나는 전도의 은사를 받은 한 사람으로서, 어떤 때는 한밤중에 일어나 '그 사람이 그리스도를 의지하지 않으면 영원히 멸망할 텐데 어쩌나!' 하는 생각을 하기도 한다. 눈물은 흘리지 않아도 연민의 정은 애틋하다.

시카고 공항에서 비행기를 기다리는 중에, 아주 활발한 여성을 만났다. 그녀의 티셔츠에는 "손주들은 하나님의 선물이다."라는 문구가 새겨져 있었다. 나는 그 셔츠를 보고 웃으며 멋지다고 했고, 우리는 이야기를 나누게 되었다. 그녀는 눈을 반짝이며 앨라배마의 손주를 보러 가는 길이라고 했다. 탑승 안내방송이 들리자 나는 인사를 하며 "저는 목사이며 집회를 다닙니다. 기다리는 시간에 한번 읽어 보십시오."라고 하면서 전도지부록 참조를 건네고 비행기에 올랐다. 그리고 수일간 그녀는 내 머리를 떠나지 않았다. '그녀가 과연 주님을 믿었을까?' 나는 하루에도 몇 번씩 그녀를 생각하지만, 그녀를 위해 눈물을 흘린 적은 없다.

신자에게 연민의 정이 없으면 어떻게 하나?

잃어버린 영혼을 위한 연민의 정을 달라고 하나님께 기도하라. 하나님께서는 우리가 음식이나 돈 같은 물질적인 것뿐 아니라 다른 모든 필요를 아뢰기를 바라신다. 히브리서 기자는 이렇게 권고한다. "그러므로 우리가 긍휼하심을 받고 때를 따라 돕는 은혜를 얻기 위하여 은혜의 보좌 앞에 담대히 나아갈 것이니라"히 4:16. 연민의 정이 가득한 우리의 대제사장 그리스도께 나아오면, 우리를 책망하고 벌을 주시지 않고, 위로와 도움을 주신다. 그는 자비와 은혜의 하나님이시다. 상한 심령으로 "주님이 영혼들을 불쌍히 여기셨듯이, 저도 잃어버린 영혼들을 바라보게 하소서!"라고 구하면 주님이 도와주신다.

요한복음을 매일 한 장씩 읽어보면 어떻게 영생을 얻는지 알 수 있다. 지금 그리스도의 옆에 있다고 상상하고 어떻게 그가 불신자들 사이를 다니시며 행하시는지 보라. 잃어버린 영혼에 대한 그의 관심은 교훈이 되며, 우리에게도 전염될 것이다.

예를 들어, 주님이 그리스도는 믿지 않지만 종교적인 사람인 니고데모와 이야기했을 때 이런 칭송을 들었다. "랍비여 우리가 당신은 하나님께로서 오신 선생인 줄 아나이다 하나님이 함께하시지 아니하시면 당신의 행하시는 이 표적을 아무도 할 수 없음이니이다"요 3:2. 그러나 예수님은 그의 칭찬을 듣고자 한 것이 아니요 그의 회개를 간절히 바라고 계셨다. 그의 사랑은 경고의 형태로 쏟아 부어졌다. "진실로 진실로 네게 이르노니 사람이 거듭나지 아니하면 하나님 나라를 볼 수 없느니라"3절.

한 장 다음에 그리스도는 문화적, 정치적 경계를 넘어 다른 세계에 사는 타락한 사마리아 여인에게 말을 건네신다. 여기서 중요한 것은 그 여인이 예수님을 어떻게 생각하느냐가 아니고, 그 여인에 대한 예수님의 느낌이다. 주님은 "네가 만일 하나님의 선물과 또 네게 물 좀 달라 하는 이가 누구인 줄 알았더면 네가 그에게 구하였을 것이요 그가 생수를 네게 주었으리라"요 4:10고 설명하셨다. 요한복음을 읽으면 예수님이 잃어버린 자들을 보시듯이 우리도 그들을 볼 수 있다.

불신자들과 함께 시간을 보내라. 자신의 안락한 자리를 떠나라. 사탄의 종이 되고, "허물과 죄로 죽었던"엡 2:1 자들과 함께 시간을 보내라. 그러면 우리는 '그분'을 소유했는데, 불신자들은 '그분'을 소유하지 못한 것을 깨닫게 될 것이고, 그들도 복음을 이해하게 되기를 갈망하게 될 것이다.

> 그러므로 아들이 너희를 자유케 하면 너희가 참으로 자유하리라 요 8:36.

한 여인이 남편 회사 사장이 베푼 연회에 참석했다. 남편이 함께 일하는 사람들과 처음 어울려 보니, 그들이 부도덕하고 상스러운 이야기를 서슴지 않는다는 것을 알게 되었다. 그들은 저속하게 이야기하고, 부부들끼리 서로 증오하고 헐뜯는 태도를 삼가지 않았다. 그 여인은 나중에 이런 말을 했다. "우리 부부는 그 사람들에게 너무 실망했어요. 우리는 어떻게 그들에게 전도할지 계속 기도하고 있어요. 그 사람들은 너무 불행하지만, 왜 그런지 이유를 모르고 있어요."

잃어버린 자들에게 관심을 가진 사람들과 함께 시간을 보내라. 그들의 태도가 당신에게 전염되게 하라. 그들의 "사랑과 선행을 격려하라"히 10:24. 잃어버린 자들에 대한 그들의 연민이 당신에게 얼마나 빨리 전달되는지 깜짝 놀랄 것이다. 잃어버린 자들에 대한 연민은 하루 아침에 품게 되는 것은 아니지만, 반드시 품게 될 것이다.

결론

성경은 "불신자들을 위해 울지 않는다면, 효과적으로 전도할 수 없다."

고 가르치지 않는다. 스스로 물어보라. "주님을 만나지 못한 영혼들에게 연민의 정을 느끼고 있는가?" 만약 그렇다면 된 것이다. 눈물은 날 수도, 안 날 수도 있다. 연민의 정만 있다면, 그리스도께서 잃어버린 영혼에게 가지셨던 그 영을 우리도 소유한 것이다.

> **눈물**이 전도의 효과를 결정하는 것이 아니다. 중요한 것은 잃어버린 자들에 대한 연민이다.

MISCONCEPTION 오해 9

그리스도 외에 사람의 공로가 필요하다고 믿더라도 구원받을 수 있다.

서른아홉에 유방암에 걸린 한 여자 변호사가 생각에 잠겼다. 이전에 가볍게 생각하던 것이 지금은 진지하게 생각되었다. 그녀는 자신이 천국에 갈 수 있는지 알고 싶었는데, 이제 확신을 갖게 되었다고 느꼈다. 그래서 그녀에게 물었다.

"천국에 가기 위해 무엇을 해야 된다고 생각하시나요?"

그녀는 이렇게 대답했다.

"이웃을 사랑하고 그리스도를 믿어야지요."

한 엔지니어와 그의 매력적인 여자친구가 우리 교회에 나왔다. 그는 여자친구와 일 년 반째 사귀고 있으며, 자신을 그리스도인이라고 소개했다. 그러나 나는 어떤 사람의 구원도 확인하지 않고는 믿지를 못했다.

"만약 당신이 하나님 앞에 섰을 때, 하나님께서 '왜 내가 너를 천국에 들여보내야 하느냐?' 라고 물으시면 어떻게 대답하겠습니까?"

"하나님은 그런 질문을 하시지 않을 겁니다. 제가 얼마나 선하게 살아왔는지 다 아시니까요. 그리고 저는 그리스도를 믿습니다."

"그럼 다른 질문을 해봅시다. 천국에 가기 위해 무슨 일을 해야 된다고 생각합니까?"

"선한 삶을 살고, 계명을 지키고, 뭐 그렇게 해야겠지요."

공장에 다니는 한 근로자에게 종양이 생겼다. 나는 그와 어떻게 이야기를 시작해야 할지 난감했다. 사정은 너무 어려웠다. 그는 조직검사 결과를 기다리고 있었고, 악성 종양일까봐 두려워했다. 게다가 그는 실직 상태였다. 수입은 없었고, 청구서는 쌓여만 갔다. 어디 바라볼 곳 하나 없어, 그는 위를 보았다. 이제 하나님과 화목해야겠다고 생각했고, 그 길은 세례를 받는 것이라고 생각했다. 그는 꼭 그래야 한다며 마음이 급했다. 천국에 가는 데는 예수님이 꼭 필요했다. 그래서 그는 세례를 받았다. 세례를 받지 않고는 천국에 갈 수 없다고 확신했다. 나는 물었다

"어떤 사람이 세례를 받으러 물가로 가는 중에 죽었다면, 그가 천국에 갈 수 있을까요?"

"하나님은 그의 중심을 보십니다. 그 사람은 시간이 있었으면 세례를 받았을 테니까요."

그러나 속으로는 구원받으려면 그리스도와 세례 둘 다 필요하다고 생각하는 것이 분명했다.

이 여러 가지 경우를 보면, 그들에게 구원은 "그리스도만으로 충분하지 않다." 이 사람들은 "예, 그리스도가 필요합니다. 그러나 구원은 그리스도 외에 세례, 교회 출석, 선한 삶, 계명을 지키는 것, 성찬 등 몇 가지를 더 추가해야 합니다."라고 말한다.

많은 사람들이 이렇게 말한다.

"사람들이 그리스도 외에 이것저것 추가한다 해도, 그들이 그리스도를 믿는 이상 천국에 가는 것 아닙니까?"
"그래도 여전히 그리스도가 포함되어 있으니 된 것 아닙니까?"

그리스도를 의지하는 것만이 유일한 구원의 길임을 믿지 않는 사람들도 구원받을 수 있다고 믿는 것은 왜 오해인가? 성경에 기초해서 7가지 이유를 살펴보자.

영생은 선물이지, 하나님과 계약을 맺는 것이 아니다

선물의 특징은 무엇인가? 값을 이미 치렀다는 것이다. 만약 선물을 받는 사람이 조금이라도 값을 부담한다면, 그것은 진정한 선물이 될 수 없다. 그것은 쌍방이 유익을 나누는 것이다. 각자가 자기 몫의 책임을 다하고 이익을 나누는 것이다.

성경은 결코 영생을 동반자 관계, 즉 내 할 일을 하면 하나님 편에서도 의무를 다하신다는 식으로 제시하지 않는다. 영생은 오직 선물로 받아 누리는 것이다. 에베소서 2:8-9과 로마서 6:23을 보라. 두 구절 모두 영생은 인간의 노력으로 얻는 것이 아니라, 하나님의 선물임을 강조한다.

> 너희가 그 은혜를 인하여 믿음으로 말미암아 구원을 얻었나니 이것이 너희에게서 난 것이 아니요 하나님의 선물이라 행위에서 난 것이 아니니 이는 누구든지 자랑치 못하게 함이니라 엡 2:8-9.

왜 바울은 "너희에게서 난 것이 아니요", "행위에서 난 것이 아니니"라고 강조하고 있는가? 영생은 하나님의 선물이므로 우리에게서 난 것이 아니다. 그 이유는 무엇인가? "누구든지 자랑치 못하게 함이니라." 그러므로 구원은 하나님과 계약을 맺는 것이 아니다. 구원을 자랑하는 것은 두 파트너, 즉 죄인과 하나님께 속한 것이 아니다. 구원은 오직 하나님께만 속한 것이다. 인간의 노력으로 이 선물을 받는 데 관여한다는 것은 전혀 불가능하다.

> 죄의 삯은 사망이요 하나님의 은사는 그리스도 예수 우리 주 안에 있는 영생이니라 롬 6:23.

삯이란 일을 하고 받는 것이다. 우리는 죄인으로서 죽음을 값으로 받았고, 하나님과의 영원한 분리를 대가로 받았다. 예수님을 떠나서는 한 가지 죄를 지어도 지옥으로 향하는 것이다. 이렇게 우리가 행위의 대가로 받은 것과 대조되는 것이 무엇인가? 성경은 이렇게 결론짓는다. "하나님의 은사는 그리스도 예수 우리 주 안에 있는 영생이니라." 죄의 대가가 죽음인가? 그렇다. 우리가 어느 정도 선한 삶을 살면 영생을 얻을 수 있는가? 아니다. 로마서 6:23은 다시 한번 이 선물이 인간의 노력과는 상관없다고 말한다.

하나님은 아무에게도 빚지지 않으셨다

> 일을 아니할지라도 경건치 아니한 자를 의롭다 하시는 이를 믿는 자에게는 그의 믿음을 의로 여기시나니 롬 4:5.

하나님께서는 우리를 천국으로 들여보내시면서 아무 질문도 하지 않으실 것이다. 물론 "너는 선한 일을 얼마나 많이 했느냐?"라는 질문도 하지 않으실 것이다. 왜? "일을 아니할지라도……믿는 자에게는 그의 믿음을 의로 여기시기" 때문이다.

왜 하나님은 구원의 조그만 대가로 우리의 선행을 받지 않으시는가? 한 절 앞을 보자. "일하는 자에게는 그 삯을 은혜로 여기지 아니하고 빚으로 여기거니와"롬 4:4. 선행이나 공적에 근거해서 하나님이 우리를 받아들이신다면 하나님은 빚을 갚는 셈이다. 그러나 하나님은 아무에게도 빚을 지시는 분이 아니다. 그분은 우리에게 아무 빚이 없으시다. 하나님께서는 우리에게 무엇을 주시는가? 그렇다. 우리에게 빚진 것이 있으신가? 없다.

당신이 커다란 저택을 갖고 있다고 하자. 대리석 마루, 진주빛이 감도는 벽, 최신 설비를 갖춘 부엌, 화강암 식탁, 높은 원형 천장에, 뒤뜰에는 테니스장과 수영장까지 다 갖추고 있다. 내가 물었다.

"내가 당신과 함께 그 집에 살아도 됩니까?"

당신은 선선히 대답했다.

"물론이지요. 내가 말하는 10가지만 해주면 그렇게 해도 됩니다."

우리는 계약을 맺었고, 나는 약속한 10가지를 행한다. 그러면 당신은 나의 채무자이다. 당신은 내가 그 집에 살 권리를 이양했기 때문이다. 그러나 하나님은 우리에게 빚지신 것이 없다. 그분은 누구에게 어떤 빚도 지지 않으셨다. 우리가 구원을 위해 무엇인가 해야 한다면, 하나님을 채무자로 삼는 것이다.

구원받은 것을 늘 감사하며 살라는 성경의 가르침은 바로 이런 이유 때문이다. 하나님은 우리에게 어떤 빚도 지신 것이 없고, 우리는 전적으로 하나님께 거저 받았다.

우리 편에서 조금이라도 수고한 은혜는 이미 은혜가 아니다

은혜란 받을 자격이 없지만 주는 것이다. 사실은 그 이상인데, 은혜란 오히려 벌을 받아 마땅한 사람에게 베푸는 것이다. 우리는 죄인으로서 지옥에 가야 마땅하지만, 하나님은 우리가 감당 못할 은혜를 주신다. 그분은 외아들에게 우리 죄를 지고 십자가에서 대신 벌을 받게 하시고, 그의 죽음과 부활을 통해 우리 죄를 용서하셨다. 아들에게 형벌을 대신 당하게 하시고, 벌받아야 마땅한 인간에게 반대로 은혜를 주신 것이다. 우리는 지옥에 가야 마땅하지만, 하나님은 천국을 허락하신다.

이런 은혜에 인간의 노력을 추가한다면 무슨 일이 생기는가? 바울은 이렇게 설명한다. "만일 은혜로 된 것이면 행위로 말미암지 않음이니 그렇지 않으면 은혜가 은혜 되지 못하느니라" 롬 11:6. 은혜와 공로는 영원한 구원에 관한 한 극과 극이다. 하나님의 은혜에 우리의 노력을 덧붙인다면 그것은 더 이상 은혜가 아니다.

"다 이루었다"라는 말은, 문자 그대로 다 이루었다는 뜻이다

고통은 격렬했다. 못은 손목의 힘줄을 헤치고 박혔다. 이마에는 피와 땀이 범벅이 되어 흘러 내렸고, 가시관은 찢어진 상처를 따갑게 했다. 축 처지는 몸을 들어올리려니 발에 박힌 못 때문에 고통이 전신으로 퍼졌다. 그는 거의 숨을 쉴 수 없었다. 대부분의 사람들이 그를 조롱했으나, 그를 사랑하는 몇몇 사람들의 울음소리도 들려왔다. 사람들은 지금 무슨 일이 일어나고 있는지 모른다는 사실을 그는 알고 있었다. 부어 오른 눈 너머로 어머니가 보였다. 그는 어머니가 얼마나 애통해 하는지 알 수 있었다. 좀 있으면 허리에 창이 꽂히리라. 그는 육체를 가진 사람으로서

이 고통이 제거되기를 바랐다막 14:36. 그러나 신성으로는 자신이 "세상 죄를 지고 가는 하나님의 어린양"요 1:29이라는 것을 알았다.

마지막으로 그는 십자가 위에서 "다 이루었다"요 19:30고 외쳤다. 그리고 사실 이 땅에서의 그의 사역은 끝났다. "다 이루었다"라고 번역된 헬라어는 "테텔레스타이"tetelestai인데, 이는 끝났을 뿐 아니라 값을 다 치렀다는 뜻이다. 신약 시대의 세금 영수증에 "tetelestai"라는 글자가 쓰여진 것들이 발견되고 있다. 전능하신 하나님 앞에서 그리스도는 우리들의 죗값을 다 치렀다고 선포하신다. 그는 계약금만 치른 것이 아니라, 값을 모두 치른 것이다.

> 저는 우리 죄를 위한 화목 제물이니 우리만 위할 뿐 아니요 온 세상의 죄를 위하심이라요일 2:2.

"화목 제물"이란 만족을 뜻한다. 아들의 죽음이 우리 죄에 대한 충분한 대가이므로 거룩한 하나님은 만족하셨다. 우리 죄를 위한 대가를 충분히 치렀으므로 그리스도는 "다 이루었다"고 선언할 수 있었다.

십자가에서 외치신 주님의 선포는 "하나님을 만족하시게 한 것으로, 너희들도 만족하라."는 것이다. 죗값을 치르기에 충분한 선행을 했다고 만족한다면, 영생의 구원을 받지 못한 존재들이다. 우리의 공로와 예수 그리스도의 죽음, 두 가지로 만족한다면 역시 잃어버린 자들이다. 세례를 받음으로 죄의 대가를 충분히 치렀다고 생각한다면 잃어버린 자들이고 하나님과 멀어진 자들이다. 세례와 그리스도 두 가지로 만족한다면 또한 그리스도가 없는 자들이다. 하나님은 오직 하나, 아들의 죽음으로만 만족하신다. 완전하신 분이 죄인의 자리를 대신했다. 그분이 값을 완전히 치르셨다. 거기에 다른 어떤 것을 더할 수 없다.

복음은 하나뿐이다. 그것은 왜곡될 수 없다

고린도전서 15:3-4에서 선언하는 복음은, 그리스도께서 우리 죄를 위해 죽으시고 죽은 자들 가운데서 살아나셨다는 것이다. 나이가 다르고, 문화가 다르고, 환경이 달라도 이 사실에는 변화가 없다. **복음**은 앞길이 창창한 십대에게나, 생이 얼마 남지 않아 죽어가는 사람에게나 동일하다. 풍요로운 선진국이나 가난에 찌들린 아프리카에나 똑같이 필요한 소식이다. 이것은 온 세상을 위한 복음이다. 어떤 사람들에게 전해지든지, 어떤 곳에 전해지든지, 그 내용은 바뀌지 않는다.

갈라디아서를 쓰면서 바울이 염려하고 심지어 분노하는 것을 이해할 수 있다.

> 그리스도의 은혜로 너희를 부르신 이를 이같이 속히 떠나 다른 복음 좇는 것을 내가 이상히 여기노라 다른 복음은 없나니 다만 어떤 사람들이 너희를 요란케 하여 그리스도의 복음을 변하려 함이라 갈 1:6-7.

그리스도의 복음을 변질시키려 하는 자들은 유대교 출신들이다. 그들은 구원을 얻으려면 그리스도를 믿어야 한다는 말로 시작했지만, 거기서 멈추지 않았다. 거기에 추가하여 유대의 절기를 지키고, 할례와 율법에 따른 유대의식을 지키라고 했다. 그들은 이 모든 것이 구원의 필요조건이라고 말했다. 그들의 복음은 은혜의 복음이 아니라, 은혜에 공로를 추가하는 복음이었다.

바울은 "그러나 우리나 혹 하늘로부터 온 천사라도 우리가 너희에게 전한 복음 외에 다른 복음을 전하면 저주를 받을지어다" 갈 1:8라고 경고했다. "저주를 받을지어다"라는 말은 "하나님의 징계를 받고 미움을 받으라!"는 뜻이다.

어떻게 징계하실지는 하나님 마음에 달린 것이다. 불신자들에게 최종적인 징계는 영원한 지옥이다. 복음을 왜곡한 그리스도인들에 대한 징계는 여러 형태가 있을 것이다. 바울이 말하려는 것은 복음을 왜곡하는 자들에게는 하나님의 징계가 따른다는 것이다.

왜? 그리스도의 복음에 무엇인가를 더하는 것은 다른 복음이다. 바울이 말한 "다른 복음"이란 같은 종류의 또 하나를 말하는 것이 아니다. 이것은 다른 복음이지, 같은 종류의 다른 복음이 아니다. 그러므로 이것은 전혀 "복음"이 아니다.

하나님도 한 분이시요, 구주도 한 분이시요, 복음도 하나요, 구원의 길도 하나이다. "다른 이로서는 구원을 얻을 수 없나니 천하 인간에 구원을 얻을 만한 다른 이름을 우리에게 주신 일이 없음이니라" 행 4:12.

요한의 명확한 논리에 착오는 없다

요한복음의 목적은 책 전체를 통해 거듭 강조되듯이 어떻게 영생을 얻는지를 설명하는 것이다 요 20:31. 다음 성경 구절을 살펴보자.

하나님이 세상을 이처럼 사랑하사 독생자를 주셨으니 이는 저를 믿는 자마다 멸망치 않고 영생을 얻게 하려 하심이니라 하나님이 그 아들을 세상에 보내신 것은 세상을 심판하려 하심이 아니요 저로 말미암아 세상이 구원을 받게 하려 하심이라 저를 믿는 자는 심판을 받지 아니하는 것이요 믿지 아니하는 자는 하나님의 독생자의 이름을 믿지 아니하므로 벌써 심판을 받은 것이니라 요 3:16-18.

16절에 의하면 영생을 가진 자는 "저를 믿는 자마다"이다. 17절에 의하면 우리는 누구를 통해 구원을 받는다고 했는가? "저로 말미암아"라 함은 하나님의 독생자 예수 그리스도를 말한다. 18절에 의하면, 우리가 정죄를 받고, 안 받고도 무엇에 근거하는가? 아들을 믿는 믿음이다.

성경을 공부하는 사람이라면, "예수께서 대답하시되 진실로 진실로 네게 이르노니 사람이 물과 성령으로 나지 아니하면 하나님 나라에 들어갈 수 없느니라"요 3:5란 말씀이 무슨 의미인지 의아할 것이다. "물로 거듭난다"는 말은 세례를 의미하는 것이 아닌가?

여기에서 3가지 유의할 점이 있다.

첫째는, 상황이다. 육적 출생을 생각하는 니고데모를 그리스도는 자신이 생각하는 중생으로 이끌어가려고 하는 중이다. 이 상황에서는, 그리스도가 언급한 물은 육적 출생의 물로 보는 것이 더 타당하다. 예수님은 "사람은 먼저 물로 태어나야 하지만, 영원히 살기 위해서는 성령으로 태어나야 한다. 그렇지 않으면 하나님 나라에 들어갈 수 없다."고 말씀하시는 것이다.

둘째는, 열한 구절을 뛰어넘어 3:16에서 구원의 유일한 조건은 그리스도를 믿는 믿음이라고 한 말씀을 마음에 새기라.

셋째로, 성경은 모순이 없다. 그러므로 어떻게 "물"을 이해하든 상관없이, 그리스도는 영생의 선물에 믿음 이외의 다른 조건을 덧붙이지 않으셨다. 요한은 거듭 믿음만이 구원의 조건이라고 밝혔으므로, 분명하지 않은 것은 항상 분명한 것으로 해석하면 된다.

그리스도의 말씀은 잘못 해석할 여지 없이 분명하다. "진실로 진실로 너희에게 이르노니 믿는 자는 영생을 가졌나니"요 6:47.

의롭다 함은 하나님의 아들의 행위에 근거한 것이지, 우리의 행위에 근거한 것이 아니다

의롭다 함은 하나님의 은혜의 행위로, 이 은혜로 말미암아 믿는 자들은 하나님의 아들의 의로 옷 입고, 하나님 보시기에 100% 의롭다고 선포되는 것이다. 어떤 근거에서 죄인이 의롭다 함을 얻는가? 바울은 이렇게 설명한다. "그러므로 우리가 믿음으로 의롭다 하심을 얻었은즉 우리 주 예수 그리스도로 말미암아 하나님으로 더불어 화평을 누리자"롬 5:1.

우리가 그리스도를 의뢰할 때, 하나님은 더 이상 우리의 죄를 보시지 않는다. 우리 죄는 예수님이 십자가 위에서 흘리신 보혈로 이미 덮여 있다. 우리를 그렇게 아들의 의로 옷 입혀 놓으심으로써, 하나님은 우리를 보실 때 오직 그 아들의 완전함만을 보신다. 이 선언은 최종적이다. 그리스도를 믿음으로 우리는 영원히 의롭다 함을 얻었다.

로마서 3:24은 우리가 "그리스도 예수 안에 있는 구속으로 말미암아 하나님의 은혜로 값없이 의롭다 하심을 얻은 자"라고 말한다. "값없이"라는 말은 "이유나 조건 없이"라는 뜻이다. 우리의 의로움은 우리의 행위가 아니라 하나님의 아들의 행위에 근거한 것이다.

왜 "그리스도만으로" 얻는 구원에 어려움을 느끼는가?

우리는 오직 그리스도만으로 구원을 얻는다. 그런데 왜 어떤 이들은 "글쎄, 내 친구는 그리스도만을 의지하는 것은 아니지만, 나는 그 친구도 구원받았다고 생각해."라고 말하는가? 은혜와 하나님의 선물은 많은 사람들이 쉽게 받아들이지 못한다. 우리들은 모두 일을 해서 무엇을 갖거나 얻는 것에 익숙해 있다. 돈, 옷, 음식, 자동차, 집 등이 모두 그렇다.

"하늘은 스스로 돕는 자를 돕는다."는 말을 들어보지 않았는가? 부모들은 자녀를 도와 자립하도록 하겠지만, 거기서부터는 스스로 해야 한다. 친척이 유산의 일부를 남겨줄 수도 있지만, 그것으로 모든 것을 다 해결하는 것은 아니다. 극한 어려움에 처했을 때 누군가가 도와주겠지만 완전히 구해줄 수는 없다. 그러므로 하나님께서 영생을 거저 주신다고 할 때, 이해하기가 너무 어렵다. "세상에 공짜는 없다."고 하는데, 어떻게 영생은 거저란 말인가?

때때로 진리는 대면하기 어렵다. 성경의 진리, 예를 들어 "그리스도만을 통해 구원을 얻는다."는 것을 인정하면 수없이 많은 추론이 가능하다. 사람이 죽기 전에 진리를 알지 못하면, 그는 영원히 하나님으로부터 분리된다. 이것이 가족, 친구들, 이웃에게 사실이라면 감정적으로, 개인적으로 심각한 일이다. 사실을 피한다고 사실이 바뀌는 것은 아니다. 내가 그 사실을 좋아하지 않는다 해도, 내 느낌과는 상관없이 그 사실은 아주 중요하게 여겨야 한다. 그러므로 하나님께 기도하여 그 사람을 복음의 진리 가운데로 인도할 기회를 달라고 하는 것이 옳지 않겠는가?

우리는 사탄의 전략을 과소평가한다. 사탄은 거짓말쟁이다. 겉모습이나 행위로 사탄을 알아볼 수는 없다. 어쩌면 설교자의 모습을 하고 있을 수 있다. 그리고 하나님과 관계는 갖지 말되, 가능하면 하나님처럼 되라고 격려할지도 모른다. 그는 종교를 반대하지는 않는다. 단 "그리스도만을 통한 구원"과는 거리가 있는 종교를 권한다. 그렇게 사람들을 속여 영원한 지옥으로 안내하는 것이다.

가끔 구원이 하나의 형식으로 전락하는 수가 있다. 이렇게 기도하고, 이렇게 행하기만 하면 하나님과 올바른 관계를 갖게 된다는 식이다. 영생은 형식과는 상관이 없다. 그것은 하나님의 선물을 어떻게 받아들이느냐 하는 것과 관계가 있다. 우리는 죄인의 몸으로 하나님께 나아온다.

그분의 아들이 우리가 받을 형벌을 대신 받으시고 다시 살아나셨다. 우리는 그 아들을 의지하여 구원을 얻는다. 이것이 형식으로 전락할 때 사람들은 구원에 그리스도 외에 무엇인가를 첨부한다.

결론

그리스도의 십자가는 외친다. "하나님을 만족케 하신 것으로 족하다." 하나님은 그 아들의 죽음이 우리 죗값을 충분히 치렀다고 하시며, 그것 하나만으로 만족하신다. 그래서 그리스도는 "다 이루었다"고 선언하셨다. 하나님은 아무에게도 빚을 지시지 않는다. 하나님은 순전히 은혜를 근거로 영생을 주신다. 이는 우리가 감당할 수 없는 은혜이다. 은혜에 무엇이든 더하면 더 이상 은혜가 아니다. 하나님은 우리의 행위가 아니라 그 아들의 행위를 근거로 우리를 의롭다 하신다. 구원에 있어, 그리스도 외에 다른 것을 추가하여 의지한다면, 사탄의 속임수에 걸려드는 것이다. 그리스도, 오직 그 한 분만이 구원이시다.

> **하나님**을 만족케 하신 그것으로 만족하라. 천국으로 가는 유일한 길인 그리스도 외에 무엇을 더하여 의지한다면, 거저 주시는 영생의 선물을 제대로 받지 않은 것이다.

오해 10 MISCONCEPTION

구원을 의심하면,
구원받은 것이 아니다.

자신이 정말 구원을 받았는가 하는 의심이 그녀를 괴롭혔다. 그것은 마치 악몽에서 깨어나지 못하는 것과 같았다.

그녀는 이전에 두 번이나 예배 시간에 앞으로 나아가 자신을 드렸고, 그리스도를 위해 살고 있었다. 그러나 십대 때부터 결혼 생활에 이르기까지 자신이 천국을 향하여 가고 있는지 확신할 수가 없었다. 구원의 확신은 잡히지 않는 그 무엇이었다. 마치 산속의 맑은 공기를 집에서 즐기려고 항아리에 담아 보려는 것 같았다. 또는 어린아이가 오후 햇빛에 생긴 자기 그림자를 잡으려는 것 같았다. 아니면 내려오는 눈송이를 혀로 잡으려는 것 같기도 했다. 그녀는 거의 잡은 듯했으나, 확실히 잡았다고 할 수는 없었다.

구원을 의심하는 사람들은 대부분 두 가지 중 하나에 해당한다.

첫 번째 부류는 복음을 이해하지 못해서 정말로 구원받지 못한 사람들이다. 그들은 선행을 통해, 또는 그리스도의 공로와 선행을 합쳐 천국에 갈 수 있다고 생각한다. 이것이 사실이라면 아무도 구원을 확신할 수 없다. 사람은 누구나 오늘 잘살다가도 내일은 엉망으로 살 수 있기 때문이다. 성경은 분명하게, 우리 죗값이 이미 다 치러졌으므로 영생은 거저 받는 것이라고 가르친다.

한번은 어느 저녁모임에서 말씀을 전할 때였다. 부목사 내외분이 제이크와 엘렌이라는 믿지 않는 부부를 데려왔다. 제이크는 친구 키스와 크리스티나를 데려와도 되느냐고 물었고, 부목사는 좋다고 했다. 부목사는 키스와 크리스티나가 그리스도인이라고 생각하고 있었다. 그러나 그날 밤, 제이크와 엘렌은 그리스도를 믿었고……키스와 크리스티나도 주님을 영접했다! 키스는 이렇게 말했다.

"예수님이 제게 '왜 내가 너를 천국에 들여보내야 하느냐?'라고 물으시면, 예전에는 '예수께서 저를 위해 죽으셨으니까요.'라고 대답할 수 없었습니다. 저는 이것을 이해한 적이 없었으니까요."

그는 자신의 구원 문제로 갈등해 왔었다. 왜? 복음을 제대로 이해하지 못했기 때문이다. 그날 밤 복음의 은은한 향기는 근사한 음식 냄새보다 더 훌륭했다. 키스는 마침내 복음을 이해했다!

두 번째 부류의 사람들은 복음은 이해했다. 그들은 성경이 구원에 관해, "나는 그러기를 바래", "나는 그렇게 생각해"라는 식으로 모호하게 가르치지 않는다는 것을 알고 있다. 요한은 "내가 하나님의 아들의 이름을 믿는 너희에게 이것을 쓴 것은 너희로 하여금 너희에게 영생이 있음을 알게 하려 함이라"요일 5:13고 확실히 말하고 있다. 그럼에도 불구하고 이 사람들은 자신이 정말로 구원받았는지 갈등한다.

문제는 여기에 있다

그리스도를 의지하는 것이 곧 영생을 의미한다는 사실은 가능성이 아니라 확실한 것인데도, 어떤 이들은 "구원을 의심하면, 구원받은 것이 아니다."라는 생각을 버리지 못한다.

줄리아는 이제껏 만난 십대들 가운데 가장 총명해 보이는 아이였다. 언제나 환한 얼굴에, 적극적이며, 잘 웃었다. 그리고 어디를 가든지 흥을 돋우는 분위기 메이커였다. 그녀는 의심스러운 부분은 분명히 하고 싶어했다. 어느 날 그녀가 의심쩍은 것들을 이야기했다. 나는 몇 가지 심각한 질문을 했다. 그녀는 그런 질문들에 대해 확실히 결정해 본 일이 없다면서 이렇게 말했다.

"잠깐만요, 제 문제는 저 자신의 구원을 의심하느냐 하는 것보다 더 큰 문제예요. 저는 '구원을 의심하면, 구원받은 것이 아니다.' 라는 말을 지금까지 들어왔어요. 정말 그런가요?"

다시 한번 말하거니와, 구원을 의심하는 많은 사람들은 복음을 제대로 이해하지 못한 것이다. 그러나 자신의 구원을 의심하는 모든 사람이 이 부류에 속한다고 감히 말할 수 있겠는가? 사탄이 하나님의 자녀들을 괴롭게 해서 자신이 하나님의 품 안에 있다는 것을 영원히 의심하게 하는 일이 가능한가?

성경은 무엇이라고 하는가?

성경은 그리스도를 의지하는 사람에게 영생을 보장한다. 우리와 하나님과의 관계는 영원함을 확실히 하기 위해 로마서는 이렇게 기록하고 있다.

그런즉 이 일에 대하여 우리가 무슨 말 하리요 만일 하나님이 우리를 위하시면 누가 우리를 대적하리요 자기 아들을 아끼지 아니하시고 우리 모든 사람을 위하여 내어 주신 이가 어찌 그 아들과 함께 모든 것을 우리에게 은사로 주지 아니하시겠느뇨 누가 능히 하나님의 택하신 자들을 송사하리요 의롭다 하신 이는 하나님이시니 누가 정죄하리요 죽으실 뿐 아니라 다시 살아나신 이는 그리스도 예수시니 그는 하나님 우편에 계신 자요 우리를 위하여 간구하시는 자시니라 누가 우리를 그리스도의 사랑에서 끊으리요 환난이나 곤고나 핍박이나 기근이나 적신이나 위험이나 칼이랴 롬 8:31-35.

두 번째로 유의할 사항은, "구원을 의심하면, 구원받은 것이 아니다."라고 가르치는 성경 구절은 없다는 것이다. 이 말은 성경적인 진리가 아니라 오해일 뿐이다.

오스 기니스는 「두 가지 마음」에서 "특히 눈에 띄는 3가지 오해가 있는데, 첫째로 의심은 곧 불신이기 때문에 잘못된 것이라는 점, 둘째로 의심은 믿음에 혼란을 가져오는 문제이지 지식의 문제가 아니라는 점, 셋째로 의심하면서도 믿으려는 것은 정직한 것이 아니므로 의심은 부끄러운 것이라는 점이다."라고 말하고 있다.[1]

나는 기니스가 "의심은 곧 불신이기 때문에 잘못된 것이라고 생각하는데 이는 잘못이다."라고 한 말에 동의한다. "의심은 곧 불신이기 때문에 잘못이다."라는 생각은 성경적이지 않다. '의심'이란 단어를 잠깐 '질문'이란 말로 바꾸어 보라. 자신의 구원에 대해 전혀 질문을 안 던지는 사람들보다 질문을 던지는 사람들이 훨씬 더 존경스럽다. "나는 천국을

---

1. Os Guinness, *In Two Minds* (Downers Grove, Ill.: Intervarsity Press, 1976), 20-21.

향해 가고 있는 것이 확실한가? 그렇다면 그 이유는 무엇일까?"라고 스스로에게 물어보는 것보다 더 위대한 질문이 있을까?

그렇다면 왜 사람들은 의심하는가?

어떤 이들은 모든 것을 의심한다. 배우자가 과연 나를 사랑하는지, 자녀들이 나를 존경하는지 의심한다. 은퇴할 때가 올지, 비행기가 목적지에 도착할지 의심한다. 마음이 의심으로 가득하다. 이런 사람들은 처리할 것들이 너무 많은데, 모두 영원한 구원과는 거리가 먼 것들이다.

어떤 사람들은 자신이 "경계선을 넘어" 그리스도를 의지한 것이 정확히 언제, 어디서인지 알지 못해 의심한다. 그리스도만이 유일한 구원의 소망이라는 것은 알지만, 주님을 만난 순간을 정확히 알지 못하면 "구원받지 못한 게 아닌가?" 하고 의심한다. 그들은 "구원받은 날짜를 모르면, 구원받은 것이 아니다."1장 참조라는 말을 들었을 것이다.

또 어떤 사람들은 그리스도인의 성품은 어떠해야 한다는 조건을 만들어 놓고, 그 기준에 맞추어 의심한다. 한번은 아는 사람이 내용을 점검해 달라며 메일을 보냈다. 제목은 "당신이 하나님을 아는지 어떻게 알 수 있는가?"였다. 그는 요한일서를 인용하여 구원받았는지 여부를 결정하는 5가지 질문을 제시했다.

1. 나는 하나님 아버지와 교제하고 있는가?
2. 나는 그분 안에 거하고 있는가?
3. 나는 습관적으로 죄를 짓고 있는가?
4. 나는 형제를 사랑하는가?
5. 나는 승리하고 있는가?

내가 구원받았는지 여부를 이런 질문으로 결정할 수 있겠는가? 이 질문들에 오늘은 '예'라고 답할 수 있으나, 내일은 '아니오'라고 답할 수도 있을 것이다.

요한일서의 목적은 어떻게 그리스도인이 되느냐를 논의하는 것이 아니라, 구원받은 후 어떻게 그리스도와 친밀하게 지내느냐를 논의하는 것이다. 요한복음과 요한일서는 서로 놀랍게 보완된다. 요한복음은 어떻게 영생의 선물을 받는지 소개하면서, '믿음'이란 단어를 98회나 언급한다. 요한일서는 우리가 의지한 그분에게 어떻게 더 가까이 나아가는지 설명하면서 '거한다'라는 단어를 26회나 사용한다. 그러므로 요한일서에서는 구원의 문제가 아니라, 그리스도와의 친밀함을 논의하는 것이다. 이를 염두에 두고 요한일서 4:20-21을 읽으면 의미를 알 수 있다.

누구든지 하나님을 사랑하노라 하고 그 형제를 미워하면 이는 거짓말하는 자니 보는 바 그 형제를 사랑치 아니하는 자가 보지 못하는 바 하나님을 사랑할 수가 없느니라 우리가 이 계명을 주께 받았나니 하나님을 사랑하는 자는 또한 그 형제를 사랑할지니라.

하나님을 '알면서도' 형제를 미워할 수 있다. 하나님을 '사랑하면서' 형제를 미워할 수 없다. 하나님을 가까이한다는 것은 하나님의 가족과 올바른 관계를 맺는 것이다.

어떤 때는, 그리스도 안에 거하는 그리스도인의 특성을 그리스도인인지의 여부를 결정하는 조건으로 제시하는 수가 있다. 그러나 그런 특성 때문에 구원을 의심하게 될 수도 있다. 이런 특성은 구원의 조건이 아니다. 그리스도인의 특성을 늘 보이지 않는 사람일지라도 성경은 구원을 의심하지 않는다. 예를 들면, 고린도전서 5장에 이런 사람이 나온다. "너희 중에 심지어 음행이 있다 함을 들으니 이런 음행은 이방인 중에라도 없는 것이라 누가 그 아비의 아내를 취하였다 하는도다"1절. 그 사람은 심판을 받아 비록 육체적으로는 죽음을 당할지 모른다고 경고하지만, 그의 구원이 위태롭게 되는 것은 아니다. 바울은 교회가 "이런 자를 사단에게 내어 주었으니 이는 육신은 멸하고 영은 주 예수의 날에 구원 얻게 하려 함이라"5절고 설명하고 있다. 성적으로 부도덕한 그 사람은 교회의 징계를 받아야 하고, 신자들은 교제를 끊어야 한다. 그래도 바울은 그 사람을 형제라고 부르며11절, 그의 구원에 이의를 제기하지 않는다.

때로 사람들은 잘못된 가르침의 피해자가 되어, 그리스도인의 삶을 사는 데 있어 혼란에 빠진다. 또 이런 사람들은 대개 자신의 구원을 의심한다. 그리스도인처럼 행동하지 않는 사람은 사실 그리스도인이 아닐 수도 있다. 그러나 그리스도인의 일반적인 특징을 근거로 그리스도인인지 아닌지를 결정하는 것은 그리 도움이 되지 않는다. 어떤 사람들은 그리스도인이 아니면서 모범적인 삶을 살 수도 있다. 이런 사람들은 십자가 위에서 그리스도가 이룬 역사를 믿는 대신 자신들의 공로를 의지하여 천국에 가려고 할 수 있다.

의심하는 사람은 어떻게 해야 하는가?

의심은 어떻게 처리해야 하는가? 의심은 구원받지 않았다는 의미일 수 있다. 혹은, 구원은 받았으나 자기의 의심하는 바에 적절히 반응하지 않은 경우일 수도 있다. 다음 질문들로 이 문제를 해결할 수 있다.

나는 복음이 단순하다는 사실을 믿는가?

우리는 대가를 지불하고 소유하는 것에 익숙하므로, 구원을 위해 대가를 지불하거나, 적어도 계약금이라도 치러야 한다고 생각한다. 그리스도께서 십자가 위에서 돌아가실 때, "다 이루었다"요 19:30고 하셨다. 우리 죄에 대한 하나님의 진노는 그리스도의 죽음과 부활로 다 해결되었다. 그는 우리의 모든 죗값에 대하여, 계약금만 치르신 것이 아니라, 값을 다 치르신 것이다. 그리고 제3일에 다시 살아나심으로 죄를 이기고 사망을 이기신 것을 증명했다. 그가 우리 대신 죽음의 형벌을 담당하심으로 하나님은 우리를 용서할 수 있게 되셨다. 하나님의 용서는 우리가 그를 위해 행한 그 어떤 것에도 근거하지 않는다. 죄인으로서 우리는, 하나님이 우리를 받으실 수 있는 유일한 근거는 오직 그리스도시라는 것을 인식해야 한다.

나는 그리스도를 의지했는가?

우리는 죄인으로서, 또 그가 우리 대신 죗값을 치르셨다는 것을 인정하고 "믿음으로" 그에게 나아감으로, 그리스도의 십자가의 죽음을 우리 것으로 적용한다. 예수님은 "진실로 진실로 너희에게 이르노니 믿는 자는 영생을 가졌나니"요 6:47라고 약속하셨다. '믿는다'는 것은 하나님과 함께 영원히 살 수 있는 유일한 근거로, 전적으로 그리스도만을 의지한다는 것이다.

중요한 것은, 사람이 언제 그런 결정을 했느냐는 것도 아니요, 그 사람이 교회 강대상 앞에 걸어나가 기도를 했느냐는 것도 아니다. 앞으로 나아갔다든지 기도를 했다든지 하는 것은 그리스도께로 나아오는 방법일 수는 있으나, 그런 행위가 사람을 구원하는 것은 아니다. 그리스도를 의지하는 것이 우리를 구원한다. 천국 가는 일에 있어서 그리스도만 의지한다면, 그런 일이 언제, 어디서 발생했느냐와는 상관없이 영원히 하나님의 자녀가 된 것이다.

만약 아직 그리스도를 의지했는지 확실하지 않다면, 지금이 이 문제를 해결할 수 있는 시간이다. 당신이 할 행동을 이렇게 고백할 수 있다.

사랑의 하나님, 저는 죄인입니다. 제가 그 무엇을 한다 해도 저는 천국에 갈 수 없습니다. 저는 이제 그리스도께서 저를 위해 죽으시고 다시 살아나신 것을 인정합니다. 저는 지금 저를 구원하실 분으로 오직 그리스도만을 의지합니다. 이제 영생을 선물로 거저 주시니 받습니다. 감사합니다. 예수님 이름으로 기도합니다. 아멘.

그리스도를 의지하는 그 순간, 하나님은 영생을 거저 선물로 주신다.

나는 하나님 말씀을 그대로 받아들이는가?

일단 그리스도를 의지한다면, 그의 말씀을 믿어야 한다. 그것은 하나님의 약속을 받아들이는 것인데, 즉 그리스도를 의지한 이상 영원히 그의 것이라는 말이다. 예수님은 확신을 주신다. "내가 저희에게 영생을 주노니 영원히 멸망치 아니할 터이요 또 저희를 내 손에서 빼앗을 자가 없느니라" 요 10:28.

누가 나더러 누구 아들이냐고 물으면, 분명하게 부모의 성함을 댈 수 있다. 법정에 나가서도 출생증명서로 이것을 증거할 수 있다. 이 종이 한 장으로 나는 그들의 아들임을 증명할 수 있는 것이다. 하나님도 종이 한 장을 주셨는데, 바로 영감으로 기록된 하나님의 말씀이다. 말씀은, 한번 그리스도를 의탁한 것으로 우리가 그의 것이 되었다고 분명히 밝혀 준다. 우리의 구원은 깨뜨릴 수 없는 약속에 근거한다. 그것은 거짓말을 하실 수 없는 하나님으로부터 나온 것이다.

사탄이 의심을 일으키면, 사탄이 우리와 상대하는 것이 아니라 하나님과 상대하여 변론한다는 사실을 기억하라. 이럴 때 우리는 "내 구원에 대해 변론하려면, 나의 구주께로 가서 따져라. 그분이 말씀하셨고, 이미 종결된 사실이다."라고 사탄을 꾸짖어야 할 것이다. 사탄이 일단 당신을 더 이상 괴롭힐 수 없다는 것을 알면, 그는 도망가 다른 곳에서 또 시도할 것이다. "······마귀를 대적하라 그리하면 너희를 피하리라" 약 4:7.

결론

성경은 "구원을 의심하면 구원받은 것이 아니다."라고 가르치지 않는다. 구원을 받았는지 의심이 드는 사람은 앞의 질문들을 해보고 나서, 하나님의 말씀을 말씀 그대로 받아들여야 한다. 의문이 생길 때, 신자들은 구원은 하나님의 약속이니 확실하다는 것을 다시 한번 기억해야 한다. 이런 의문들을 적절히, 일관되게 처리한다면 구원에 대한 의심은 과거의 추억으로 사라질 것이다. 이런 의문들이 하룻밤 사이에 사라지지는 않겠지만, 결국은 사라질 것이다. 하나님의 은혜와 약속에 근거하여 우리는 100% 천국을 확신할 수 있다.

> **구원**을 의심한다고 해서 꼭 구원받지 않았다고 할 수는 없다. 왜 의심하는지를 검토하고, 어떻게 성경적으로 대응할지를 연구하라.

오해 11 · MISCONCEPTION

꼭 전도해야 할 필요는 없다.
그저 그리스도인답게 살면 된다.

인도의 영적 지도자였던 간디가 이런 질문을 받았다.

"인도에서 기독교에 가장 큰 장애는 무엇입니까?"

그는 이렇게 대답했다.

"바로 그리스도인 자신들이지요."[1]

내가 아는 한 분은 누구를 만나기만 하면 "정말 교회 가는 것 잊으면 안 됩니다."라고 말하는 것을 잊지 않으면서도 정작 자신은 교회에 가는 경우가 드물었다.

그리스도인의 삶을 살지 않는 것보다 더 기독교 증거에 해를 끼치는 일은 없다. 소위 '위선자'라 불리는 이 사람들은 말은 많이 하지만, 어떻게 살아가고 있는지에는 별 관심이 없어 보인다.

이와 반대로 자신이 말한 대로 살아간다면, 기독교 증거에 이보다 더

---

1. Mahatma Ghandi quoted in Warren W. Wiersbe, *Be Rich* (Wheaton, Ill.: Victor Books, 1976), 97-98.

큰 도움이 되는 것은 없다. 믿는 사람들에게 좋은 영향을 받은 많은 사람들을 그리스도께 인도했는데 그들은 이런 말을 했다.

- "말과 삶이 다른 사람들이 너무 많은데, 이 분은 말한 대로 살았습니다."
- "다른 그리스도인들을 통해 많이 보았기 때문에 이 분이 말하는 것도 믿으려고 하지 않았습니다. 그런데 정말 놀랐습니다."
- "그분에게 예수 그리스도는 주일에도 실제적이었고, 월요일에도 마찬가지로 실제적이었습니다."

"그리스도인답게 사는 것으로 충분해."라는 오해는 사람들의 부정적인 경험과 긍정적인 경험을 통해 점점 의미를 갖게 되었다. 어떤 때는 "불신자들 가운데 그냥 사는 거야. 그러나 필요하면 말을 해야지." 또는 "불신자들에게 그리스도가 필요하다고 말할 필요는 없어. 그들 가운데서 제대로 살아가다 보면 그들도 주님께 나오게 되는 거야."라고 표현되기도 한다. 그러니까 불신자들에게 굳이 그리스도를 언급할 필요가 없고, 우리가 제대로만 살면 그들 스스로 그리스도에 대해 물어온다는 것이다. 그러나 이것은 앞에서 말했듯이 오해이다.

왜 오해인가?

우리는 언제나 상식이 충분하다고 할 수는 없다. 완전한 그리스도인의 삶(그런 삶이 과연 가능할지는 모르겠지만!)을 살고 있는 한 여인을 생각해 보자. 그녀는 언제나 남을 먼저 배려하고, 수치를 당해도 반격하지 않으며, 좋은 아내요, 어머니이다. 자신의 혀에 휘둘리지 않고, 혀를 잘 통제한다. 남에게 섬김을 받으려 하지 않고 남을 도울 일을 생각한다.

이 여인을 하루 종일 관찰해 보자. 아니 한 주간이면 더 좋고, 한 달, 일 년이면 더 좋다. 아무리 이 사람을 지켜보아도, 어떻게 그리스도를 개인적으로 알 수 있는지는 알 수 없다. 가장 거룩한 삶을 산다 할지라도, 그것은 단지 그 사람에게 무슨 일이 있었다는 것만 증명한다. 그가 경험한 것을 똑같이 경험하려면 어떻게 해야 하는지 말해 주지도 않고, 어떤 연유로 그런 삶을 살게 되었는지 가르쳐 주지도 않는다. 그냥 그 사람은 도덕 수준이 아주 높은 사람에 불과할지도 모른다. 어쩌면 부모님들이 어렸을 때 잘 교육시킨 것 때문일지도 모른다.

그리스도를 알게 되는 데는 말이 도움이 된다. 그저 조금 도움이 되는 정도가 아니다. 그렇다고 개인적으로 성경을 읽고 그리스도께로 나아올 수 없다는 말은 아니다. 그런 사람들이 있고, 나도 그런 사람 중 하나이다. 그렇지만 내 경험을 보더라도, 사람들이 하는 말이 하나님의 구원 계획을 이해하는 데 중요한 역할을 한다.

우리는 그리스도인의 삶을 살아야 한다

성경은 말씀을 따라 사는 것이 중요하다고 강조한다.

> 너희는 세상의 빛이라 산 위에 있는 동네가 숨기우지 못할 것이요 사람이 등불을 켜서 말 아래 두지 아니하고 등경 위에 두나니 이러므로 집안 모든 사람에게 비취느니라 이같이 너희 빛을 사람 앞에 비취게 하여 저희로 너희 착한 행실을 보고 하늘에 계신 너희 아버지께 영광을 돌리게 하라 마 5:14-16.

성을 높은 언덕에 짓는 것은 성을 숨기려는 것이 아니다. 성 건축자들은 사람들이 성을 보기 원한다. 마찬가지로 사람들은 등을 켜서 말 아래 두지 않는다. 여기서 '말'이란 곡식의 양을 재는 그릇이다. 당시 말은 가정의 일상도구였다. 말을 곡식 양을 측정하는 데 쓰지 않을 때는 뒤집어 놓고 등잔 받침으로 사용했다. 등잔은 높이 들려 온 집안을 비추었다.

예수님은 요점을 가르쳐 주셨다. "이같이 너희 빛을 사람 앞에 비취게 하여 저희로 너희 착한 행실을 보고 하늘에 계신 너희 아버지께 영광을 돌리게 하라"16절. 당신이 믿는 기독교를 감추지 말라. 그것을 가지고 학교로 가라. 직장에서 믿음을 행하라. 백화점에서는 그것을 진열하라. 사람들이 당신의 선행을 보도록 하라. 그리스도인이 선을 행하면, 그는 사람들에게 위대하신 하나님을 드러내는 것이고, 이는 곧 "저희로 너희 착한 행실을 보고 하늘에 계신 너희 아버지께 영광을 돌리게 하라"이다. 당신의 빛은 사람들에게 올바른 길을 비춰 주고, 올바른 분 그리스도를 드러낸다.

우리는 입술을 사용해야 한다

성경은 삶과 말이 다 중요하다고 강조한다.

모든 일을 원망과 시비가 없이 하라 이는 너희가 흠이 없고 순전하여 어그러지고 거스리는 세대 가운데서 하나님의 흠 없는 자녀로 세상에서 그들 가운데 빛들로 나타내며 생명의 말씀을 밝혀……빌 2:14-16.

여기서 "빛"이란 온 우주를 밝게 비추는 천체를 가리킨다. 마치 태양이 세상을 밝게 비추듯이, 우리는 어둠 가운데 광명이요, 불신자들 가운데 빛이다.

어떻게 이렇게 할 수 있는가? 16절에서 바울은 "생명의 말씀을 밝혀"라고 설명한다. 이는 불신자 가운데서 예수 그리스도의 복된 소식, 곧 고린도전서 15:3-4에 정의한 대로 그리스도의 죽음과 부활의 진리를 굳게 잡으라는 뜻이다. 우리는 전도해야 한다. 모든 기회를 포착하여 대중을 향하든지, 일대일 개인이든지 복음을 나누어야 한다. "저희가 날마다 성전에 있든지 집에 있든지 예수는 그리스도라 가르치기와 전도하기를 쉬지 아니하니라"행 5:42.

생활은 중요하다. 그러나 입술도 사용하라. 그렇지 않으면 불신자들은 어떻게 하나님의 선물인 영생을 얻는지 알 도리가 없다.

그 외에 성경은 무엇을 가르치고 있는가?

조금 다르기는 하지만 "불신자들 가운데서 예수 그리스도처럼 사는 것만으로 족하다."라는 오해와 관련된 또 다른 잘못이 있는데, 이는 성경이 가르치는 것을 정확히 제시하지 못한다.

가끔 "우정 전도"라고 불리는데, 즉 "말로 증거하려면, 그리스도를 전하기 전부터 미리 그 사람을 알고 있어야 한다."는 것이다.

우리는 죄인의 친구였던 그리스도를 닮아야 한다마 11:19. 때로는 불신자들과 만나 첫 대화를 나눌 때가 최고의 기회가 된다. 요한복음 4장의 사마리아 여인은 아주 좋은 예이다. 누가복음 19장의 삭개오와의 대화도 그렇다. "삭개오야 속히 내려오라 내가 오늘 네 집에 유하여야 하겠다"5절. 성경은 그리스도께서 이 첫 대화를 통해 삭개오를 자기 사람으로 만드셨다고 말해주고 있다.

하나님이 주시는 기회에 이런 결과가 생기는 이유는, 하나님께서 이미 다른 사람을 사용하여 복음의 씨앗을 심었으나, 우리로 열매를 거두게 하려 하심이다. 사마리아 여인과 대화를 마치신 후에 그리스도는 제자들에게 이렇게 말씀하셨다. "내가 너희로 노력지 아니한 것을 거두러 보내었노니 다른 사람들은 노력하였고 너희는 그들의 노력한 것에 참예하였느니라"요 4:38. 우리에게는 친구가 필요한데, 어떤 친구 관계는 몇 개월에 걸쳐 형성되는 것이 아니라 한순간에 이루어진다.

"불신자에게 그리스도를 전하려면, 오래 전부터 그 사람을 잘 알고 있어야 한다."고 가르치는 것은, 삶이 짧다는 것을 고려하지 않은 것이다. 성경에서는 삶의 덧없음을 경고하며 주의를 환기시키고 있다.

> 들으라 너희 중에 말하기를 오늘이나 내일이나 우리가 아무 도시에 가서 거기서 일 년을 유하며 장사하여 이를 보리라 하는 자들아 내일 일을 너희가 알지 못하는도다 너희 생명이 무엇이뇨 너희는 잠간 보이다가 없어지는 안개니라약 4:13-14.

이렇게 자랑하는 사람은 언제 장사하여 얼마나 이를 남길 것인지 모든 것을 다 계획해 두었다. 야고보는 그들에게 "인생에 확실한 것 한 가지는, 인생이 불확실하다는 것뿐임을 기억하라."고 충고한다. 야고보는 인생이 "잠간 보이다가 없어지는 안개"라고 묘사한다. 오늘 있다가 내일 없어지는 슬픈 현실이 많은 사람들에게 닥친다. 야고보는 "너희가 도리어 말하기를 주의 뜻이면 우리가 살기도 하고 이것 저것을 하리라 할 것이거늘"15절이라고 말하고 있다.

예수님도 제자들의 욕심을 엄히 꾸짖으시면서 비유로 말씀하셨다.

> 한 부자가 그 밭에 소출이 풍성하매 심중에 생각하여 가로되 내가 곡식 쌓아둘 곳이 없으니 어찌할꼬 하고 또 가로되 내가 이렇게 하리라 내 곡

간을 헐고 더 크게 짓고 내 모든 곡식과 물건을 거기 쌓아두리라 또 내가 내 영혼에게 이르되 영혼아 여러 해 쓸 물건을 많이 쌓아두었으니 평안히 쉬고 먹고 마시고 즐거워하자 하리라 하되 하나님은 이르시되 어리석은 자여 오늘밤에 네 영혼을 도로 찾으리니 그러면 네 예비한 것이 뉘 것이 되겠느냐 하셨으니눅 12:16-20.

본문에서 4번이나 "내가 무엇을 하리라"고 한 것을 보면, 이 부자는 자신의 장래에 대해 자신이 있었던 사람이다. 그는 마치 아무것도 내 인생에 거칠 것이 없다는 듯이 인생을 계획했다. 하나님은 이 사람을 어리석다고 하셨다. 일단 생명이 끊어지면 전혀 쓸모 없는 물질에 부자는 온 정신을 집중하고 있었다. 이 사람이 알지 못하고 있는 사실을 알려주면서, 하나님은 그의 생명이 24시간도 남지 않았다고 말씀하신다. 그가 생각하는 것보다 죽음은 빨리 다가올 것이다.

전도는 인생이 짧다는 것을 전제하는 것이다. 어떤 사람들에게는 내일이라는 단어를 100번도 사용할 수 없는 경우도 있다. 아니, 단 한번의 내일도 없는 사람이 있다. 시간이 나면 언제라도 그때 믿으라는 태도는 비성경적이다.

몇 년 전 어떤 저녁모임에서 케이티는 불신 부부를 식사에 초청했다. 그런데 그들은 오겠다고 약속했다가 3시간 전에 못 온다고 연락을 했다. 그래서 케이티는 급히 다른 부부를 대신 초청했고, 거기서 그 남편은 예수님을 믿게 되었다. 케이티 부부는 다음날 우리 훈련 프로그램에 참석했고, 사람들에게 주님을 전하는 일에 자신을 갖게 되었다.

며칠 후, 약속을 취소했던 부부가 케이티에게 전화를 했다. 그 부인이 자동차 사고를 당했다는 것이다. 차는 몇 바퀴를 굴러 도랑에 거꾸로 곤두박질쳤는데, 그녀는 용케도 다치지 않았다. 그 부인은 케이티에게 이렇게 말했다.

"정말 죽는 줄 알았어요. 얼마나 놀랬는지! 제가 죽었으면 우리 아이들은 어떻게 되었겠어요?"

케이티는 동의하면서 이 말을 덧붙였다.

"더 중요한 것은, 만약 당신이 죽었다면 그 다음은 어떻게 되었겠어요? 그 사고로 죽었다면, 당신은 영원을 어디서 보냈을까요?"

케이티는 그때 그 부인과 복음을 나눌 수 있었고, 불신 친구는 눈물을 흘리며 그리스도를 의지했다. 그리고 일주일 후에 그 친구는 집에서 쓰러졌는데, 병원에 옮겼지만 숨지고 말았다. 자신도 몰랐던 신장병으로 갑자기 죽게 된 것이다.

인생이 짧고 덧없다는 것을 아는 것이 전도에서는 중요하다. 우리가 내일도 살아서 복음을 나눈다는 보장은 없다.

그런 이유로 나는 우정 전도보다는 "생활 전도"라는 말을 더 좋아한다. 삶은 웅변이다. 매일 하나님이 우리 앞에 데려오는 믿지 않는 사람들은 모두 전도 대상이다. 그들에게 복음을 제시할 기회가 없을지도 모른다. 그러나 기회가 올 것이다. 그 사람을 그리스도께 인도할 수 없을지도 모른다. 그러나 할 수 있는 한 노력하라.

결론

"불신자들 가운데서 예수 그리스도처럼 사는 것만으로 족하다."라는 생각은 오해이다. 주의하지 않으면, 이것은 전도하지 않는 핑계가 될 수 있다. 제아무리 완전한 생활을 한다고 해도, 그것만으로 불신자들에게 어떻게 그리스도께 나아오는지를 말해 줄 수는 없다. 우리는 하나님께 주님을 증거하도록 담대함을 달라고 기도해야 한다.

그러면서 생각해야 할 것은, 한결같은 그리스도인다운 생활이 뒷받침된다면 우리의 간증이 얼마나 더 효과적일까 하는 것이다. 혹 어떤 사람들은 "당신 삶을 보면, 당신 말은 전혀 듣고 싶지 않네요."라고 한다. 이 사람은 그리스도를 증거할 기회를 찾지만, 삶이 너무 바람직하지 않다. 그런 삶은 증거에 방해거리가 된다. 우리는 이런 말을 들어야 한다.

"그렇게 사는 것이 참 보기 좋아요. 내게 자세히 좀 알려 주세요."

> **가장** 거룩한 삶을 산다고 해도, 그것이 영생을 어떻게 얻는지 설명해 주지는 않는다. 성경은 말로도 증거할 것을 강조한다.

MISCONCEPTION 오해 12

전도의 은사를 받은 사람만 전도하면 된다.

크리스티는 에이미의 반응에 놀랐다. 크리스티는 그녀를 불편하게 하려는 생각은 전혀 없었다. 그저 점심식사 도중에 전날 회사 동료에게 복음을 나누었던 일을 이야기했을 뿐이었다. 그런데 갑자기 에이미는 입맛이 가신 듯 접시만 바라보다가, 크리스티를 보며 말했다.

"너는 좋을지 모르지만, 나도 전도하기를 바라지는 마. 하나님은 우리 모두가 전도하기를 바라시는 것이 아니야."

아무도 전도가 중요하다는 것을 부인하지 않는다. 아니 전도는 필수적이라고까지 말한다. 그러나 "누구에게 필수적인가?" 하는 것이 문제이다. 에이미의 견해는, 하나님은 모든 사람이 전도하기를 원하시는 것은 아니라는 것이다. 에이미는 하나님께서 복음을 나눌 수 있는 전도의 은사를 받은 사람만이 전도하기를 바라신다고 믿었다. 이 이론에 어떤 허점이 있는지, 다음 다섯 가지 질문을 살펴보자.

이 견해는 어디서 온 것인가?

이 견해를 뒷받침하기 위해 사람들은 보통 에베소서 4:11을 인용한다.

그가 혹은 사도로, 혹은 선지자로, 혹은 복음 전하는 자로, 혹은 목사와 교사로 주셨으니.

사람들은 이 말씀을 "하나님은 어떤 사람들에게 특별히 전도의 은사를 주셨으니, 그 은사를 받은 사람들만 전도하면 된다."라고 해석한다.

에베소서 4:11의 진정한 의미는 무엇인가?

이 구절이 하나님의 교회 안에 은사를 받은 사람이 따로 있다는 의미임은 부인할 수 없다. 성경은 이 말씀 뒤에 바로 그 목적을 밝히고 있다. "이는 성도를 온전케 하며 봉사의 일을 하게 하며 그리스도의 몸을 세우려 하심이라" 12절. 그 목적은 신자들을 구비시켜 함께 사역을 완성케 하려는 것이다. 하나님이 교회에 주신 책임은 한 사람이나 몇몇 사람에 의해 완성되는 것이 아니다. 모든 사람들이 영적 은사를 사용하고 함께 일해야 되는 것이다. 하나님이 교회에 주신 이 은사를 받은 사람들은 누구인가?

사도 중에는 그리스도께서 뽑으신 열두 제자가 포함된다 행 1:21-22. 고린도전서 15:8-9은 바울도 제자라고 인정하고 있다. 다른 사람들은 사도의 은사는 가졌으나 직분은 갖지 않고, 하나님의 권위로 복음을 갖고 나아갔다. 그 가운데는 야고보 고전 15:7; 갈 1:19, 바나바 행 14:4, 14; 고전 9:6, 안드로니고와 유니아 롬 16:7가 있었다. 그리고 실라와 디모데 살전 1:1, 2:6, 아볼로 고전 4:6, 9를 포함시킬 수 있을 것이다.

성경이 완성되기 전에 이미 선지자들은 교회에 하나님의 뜻을 보여 주었다. 대부분의 성경학자들은 사도와 선지자들이 초대교회의 기초를 형성하는 데 도움을 주었으며, 1세대 신자들 이후에는 사도와 선지의 은사가 필요없게 되었다고 가르치고 있다. 빌립행 8:5, 26-40, 21:8 같은 전도자들이 세상에 퍼져 복음을 전파하게 되었다. 오늘날에도 전도자들이 국내외를 막론하고 불신자들에게 복음을 나누고 있다. 목사와 교사 직분도 같이 목록에 있는데, 대부분의 학자들은 이 용어가 한 사람의 두 가지 기능을 가리킨다고 결론을 내린다. 목회는 위로와 안내로 돕는 것이며, 교사는 하나님의 길을 가르치는 것이다.

그러므로 에베소서 4:11은 특정한 사람들이 전도의 은사를 받았다고 가르친다. 앞장에서 보았듯이, 이 은사는 죄인들에게 복음을 전하고, 성도들을 전도로 무장시키는 특별한 능력이라고 정의할 수 있다. 그러므로 전도의 은사를 받은 사람들은, 복음을 나누고 신자들을 전도로 무장시킬 책임이 있다.

전도의 은사를 받지 않은 사람들도 전도할 책임이 있는가?

물론 전도의 은사를 받지 않은 사람들도 전도할 책임이 있다.

우선, 에베소서 4:11에 있는 대로, 전도의 은사는 "성도를 온전케" 하려고 준 것이다. 열 명 아니라 만 명의 전도자라도 그들이 다가갈 수 있는 숫자는 한계가 있으므로, 하나님은 전도자들이 다른 사람들을 무장시켜 그들도 전도하기를 원하신다. 만약 이들이 스스로 이렇게 배가한다면 그들은 곧 수천 명(수백만 명은 아닐지라도)에게 나아갈 수 있을 것이다. 그때 모든 신자가 전도의 은사를 받아 전도할 필요는 없다. 신자들은 전도의 은사를 받은 사람들을 통해 무장될 수 있다.

두 번째 이유는 제자도의 특성 때문이다. 하나님은 그리스도를 개인의 구주로 삼은 사람을 제자로 초청하신다. 그리스도를 의지하는 순간에 구원은 거저 주어진다. 그러나 제자도는 대가를 요구한다. "무릇 내게 오는 자가 자기 부모와 처자와 형제와 자매와 및 자기 목숨까지 미워하지 아니하면 능히 나의 제자가 되지 못하고"눅 14:26. 그리스도에 대한 충성이 다른 모든 사람들에 대한 신의보다 우선해야 한다.

제자란 배우는 사람을 의미한다. 그리스도는 제자들을 부르시며 제일 먼저 "나를 따라오너라 내가 너희로 사람을 낚는 어부가 되게 하리라"마 4:19고 가르치셨다. 누구든지 그리스도의 제자가 되려면 어떤 방법으로든지 전도에 동참해야 한다. 잃어버린 자들에게 관심을 갖는 것은 그리스도의 제자 된 자들의 표지이다.

불신자들에 대한 관심은 여러 가지 방법으로 표현될 수 있다. 어떤 사람들은 재정적으로 기여할 수 있다. 금전적인 투자로 영적인 이익, 즉 잃어버린 자들이 돌아오게 된다. 또 어떤 사람들은 전도집회를 계획하여 여러 가지 행사를 통해 수백, 수천 명에게 복음을 전할 수 있다. 또는 전도지를 배포하여 인쇄물을 통해 복음을 전할 수 있다. 또 복음전도자들을 위해 기도하는 사람들도 대단히 필요하다. 어떤 이들은 사람들에게 하나님을 전하고, 어떤 이들은 하나님께 사람들의 사정을 아뢴다. 중요한 것은, 그리스도의 제자라면 어떤 방법으로든지 전도에 동참해야 한다는 것이다.

그런데 왜 전도 동참의 필요를 부인하는가?

그런데 어째서 사람들은 "모든 신자들이 전도해야 하는 것은 아니다. 오직 은사를 받은 사람들만 전도하면 된다."라고 하는가? 한 가지 이유는 에베소서 4:11을 이번에도 잘못 적용한 것이다. 그러나 내 경험에 의하면, 더 분명한 이유가 있다. 많은 사람들이 전도하지 않는 것에 죄의식을 느끼고 있으며, 전도를 두려워하고 있다. 그들은 "하나님은 우리 모두가 전도하기를 바라지는 않으셔."라고 양심을 달래며 위로하려고 한다. 그러나 전도를 방해하는 요소를 대면하고, 전도훈련을 받는 것이 더 하나님을 영화롭게 하는 것이 아닐까? 신자들이 어떻게 그리스도를 분명하고 담대하게 전할지를 배울 때, 전도는 의무가 아니라 즐거움이 될 것이다. 쓴 약을 삼키는 것이 아니요, 달콤한 초콜릿을 즐기는 격이 되는 것이다. 적절한 훈련을 받는다면 전도를 두려워하는 것이 아니라, 오히려 전도할 기회를 기다리는 신자들이 될 것이다.

그 외에도 전도할 이유들이 또 있는가?

"하나님은 우리 모두가 전도하기를 기대하시는 것은 아니다."라고 생각하는 사람이 있다면, 다음 4가지 문제를 생각해 보자.

1. 나에게 복음을 나누어준 사람이 만약 "하나님은 내가 복음 전하기를 바라지 않으셔."라고 생각했다면 어땠을까? 사람들의 영원한 운명에 대해 그들과 나누고 싶다는 생각이 영 안 드는가? 그렇다면 내게 복음을 전한 그 사람도 그런 태도를 가졌었다면 하고 바라는가?

2. 영생이 가장 위대한 선물이라면 왜 사람들에게 나누어주려 하지 않는가? 누가 내게 백만 달러를 준다고 가정해 보자. 게다가 그는 누구든지 내가 아는 사람은 모두 그 돈을 선물로 주겠다고 말한다. 그러면 이 사실을 알리고 싶어 가만 있지 못할 것이다. 그렇다면 더 엄청난 선물인 영생을 다른 사람들도 받을 수 있다는 이야기를 어떻게 안 하고 배기겠는가?

3. 천국에 가지고 갈 수 있는 유일한 것 한 가지는 무엇일까? 친구거나, 내가 아는 사람이다. 그는 사귄 지 30분 되었을 수도, 30년 되었을 수도 있다. 그렇다면 가능한 한 많은 친구들을 천국으로 데려가지 않으려는가? 이 땅의 친구들과 영원한 친구가 되지 않으려는가? 그들이 어떻게 하면 우리와 함께 천국에 있을 수 있는지 말해 주지 않는다면, 과연 그들에게 정말로 깊은 관심이 있는 것인지를 의심해 보아야 한다.

4. 사람들이 구원받는 것을 보고 싶은 소원이 없다면, 과연 성장하고 있는 그리스도인이라고 할 수 있을까? 누군가와 친해지면, 그 친구가 열심을 내는 것에 관심을 갖게 된다. 나는 수상스키를 타고 싶은 생각이 전혀 없었다. 사실 나는 물을 몹시 두려워했다. 그런데 내가 좋아하는 한 친구는 수상스키를 굉장히 좋아했다. 나는 그 친구를 보면서, '어쩌면 놀라운 경험이 될지 몰라.'라는 생각을 하게 되었다. 나는 두려움을 극복하고 수상스키를 배웠다. 친구의 열정이 전달된 것이다!

주님이 흥분하시는 일에 흥분하지 않는다면, 정말 그리스도께로 가까이 간다고 할 수 있을까? 주님의 심장은 잃어버린 자들을 향하고 있다.

인자의 온 것은 잃어버린 자를 찾아 구원하려 함이니라 눅 19:10.

인자의 온 것은 섬김을 받으려 함이 아니라 도리어 섬기려 하고 자기 목숨을 많은 사람의 대속물로 주려 함이니라 막 10:45.

결론

"모든 신자들이 전도해야 하는 것은 아니다. 오직 은사를 받은 사람들만 전도하면 된다."라는 생각은 오해이다. 전도의 은사를 받은 사람들은 다른 사람들을 가르쳐서 온 그리스도의 교회가 잃어버린 자들을 향해 나아가도록 해야 하는 것이다. 사람들에게 그리스도를 소개하는 것은 제자도의 한 부분이다.

그리스도의 심장에 가까이 다가가고 그를 따른다면, 어떤 방법으로든지 전도에 동참해야 할 것이다. 전도하라는 성경의 가르침 외에도 다른 이유들이 있다. 사람들이 내게 해주기를 바라는 그것을, 나도 다른 사람들에게 해주어야 한다. 복음을 가지고 내게 찾아온 사람에게 감사한다면, 나도 다른 사람에게 복음을 들고 찾아가야 할 것이다. 이 일을 어떻게 할지 훈련받다 보면, 전도 기술도 익히고 두려움도 극복하게 될 것이다.

> 그리스도의 제자가 되고자 하는 그리스도인들은 어떤 방법으로든 전도에 동참해야 한다.

오해 13 MISCONCEPTION

죄를 버리고
돌아설 생각이 없다면,
구원받을 수 없다.

논쟁은 이랬다.

"그리스도께로 나온다는 것은 어디로 향하느냐는 것이다. 이제 지금까지와는 전혀 다른 방향으로 나아가야 한다. 지금까지 해오던 잘못된 일을 버리고 새로운 삶을 추구해야 한다. 돌아서지 않는다면 당신은 진실하지 않은 것이고, 구원받지 못한다."

주님은 그리스도께로 나아온 후에는 주를 위해 최대한 거룩한 삶을 살기 원하신다. 베드로는 "너희가 순종하는 자식처럼 이전 알지 못할 때에 좇던 너희 사욕을 본 삼지 말고 오직 너희를 부르신 거룩한 자처럼 너희도 모든 행실에 거룩한 자가 되라 기록하였으되 내가 거룩하니 너희도 거룩할지어다 하셨느니라" 벧전 1:14-16 고 권면하고 있다. 그러므로 우리의 목표는, 주님을 슬프게 하는 모든 것에서 돌아서서 주님을 기쁘시게 하는 것들을 향하는 거룩한 삶이 되어야 한다.

그러나 죄로부터 돌아서야 한다는 것이 구원의 조건은 아니다. 이렇게 요구하는 것은, 그리스도인의 삶을 '시작하는 것'과 그리스도인의 삶을 '살아가는 것'을 혼동하게 한다.

이런 오해는 어디서 생기는가?

첫째는, 회개를 잘못 이해하는 데서 비롯한다. 사람들은 회개를 "죄로부터 돌아서는 것"이라고 잘못 정의한다.

> 저희가 우리에 대하여 스스로 고하기를 우리가 어떻게 너희 가운데 들어간 것과 너희가 어떻게 우상을 버리고 하나님께로 돌아와서 사시고 참되신 하나님을 섬기며살전 1:9.

이 말씀에서 회개라는 단어가 쓰인 것은 아니지만, 이 구절은 회개를 가르치는 것으로 이해된다. 그 결과, 회개는 돌아서는 것, 방향을 바꾸는 것으로 정의된다. 그러나 이 구절은 이단을 믿는 이방인들의 개종을 이야기하는 것이다. 그들은 살아 있지 않은 신들, 찬양의 대상으로 합당치 않은 신들을 경배하고 있었다. 그들이 구원받기 위해서는 유일하신 참 하나님 한 분만을 믿어야 했다. 그렇다. 그들은 죄로부터 돌아서야 했다. 그러나 그들의 죄는 삶의 방향을 돌이키는 것이 아니요, 예배의 대상과 관계된 것이었다. 그들이 믿는 거짓 신들은 그들을 구원할 수 없었다. 오직 그리스도만이 그들을 구원할 수 있다.

구원에 관한 문맥에서 사용되는 회개란, 그리스도를 믿지 못하게 하는 것으로부터 마음을 돌이켜 그리스도를 의지하여 구원받는다는 것을 의미한다. 아레오바고 언덕에 서서 바울은 이렇게 선언했다. "알지 못하던 시대에는 하나님이 허물치 아니하셨거니와 이제는 어디든지 사람을 다명하사 회개하라 하셨으니 이는 정하신 사람으로 하여금 천하를 공의로 심판할 날을 작정하시고 이에 저를 죽은 자 가운데서 다시 살리신 것으로 모든 사람에게 믿을 만한 증거를 주셨음이니라" 행 17:30-31. 바울의 말을 듣고 있는 청중이 회개할 것은 무엇인가? 그들은 그리스도에 대한 잘못된 개념은 회개하고, 돌이켜 그리스도만을 의지해 구원받아야 했다.

회개에 관하여 특별한 죄를 언급하고 있지만, 이 상황에서는 그들이 누구이며 무엇을 섬기는지를 논하고 있다. 그들은 스스로 죄인이라고 인정하지도, 그리스도를 믿음의 대상으로 삼지도 않았다. 요한계시록 9:20-21은 이렇게 기록한다.

이 재앙에 죽지 않고 남은 사람들은 그 손으로 행하는 일을 회개치 아니하고 오히려 여러 귀신과 또는 보거나 듣거나 다니거나 하지 못하는 금, 은, 동과 목석의 우상에게 절하고 또 그 살인과 복술과 음행과 도적질을 회개치 아니하더라.

다시 한번 말하지만, 요한복음은 어떻게 영생을 얻는지 말해주고 있다 요 20:31. 우리는 98회나 믿으라는 권고를 듣고 있다. 하지만 한번도 회개하라는 말은 듣지 않았다. 왜 그런가? 요한이 사용한 믿음이란 단어는 바로 회개하라는 의미이기 때문이다. 우리는 죄인으로 하나님 앞에 나와서, 그리스도께서 우리를 위해 죽으시고 다시 살아나심을 믿고, 우리를 구원하실 분으로 그리스도를 의지한다. 우리가 그리스도께 자신을 의탁할 때, 회개와 믿음은 이미 생긴 것이다.

중요한 것은 우리가 죄인이라는 것을 인정하는 것이지, 죄로부터 돌이키는 것이 아니다. 죄로부터 돌아서는 것은 회개의 결과이지 구원의 조건은 아니다. 죄로부터 돌아선다는 것은 그리스도를 따르겠다는 우리의 소원을 보이는 것이다. 우리는 "회개에 합당한 열매"마 3:8를 맺어야 할 것이지만, 죄로부터 돌아서는 것은 성경이 말하는 구원의 전제 조건은 아니다.

두 번째 오해는, 특정한 성경 구절을 잘못 인용하기 때문이다. 요한복음 8장에는 간음 중에 잡힌 여인의 이야기가 나온다. 그 여인에게 그리스도는 이렇게 말씀하셨다. "나도 너를 정죄하지 아니하노니 가서 다시는 죄를 범치 말라"11절. 어떤 사람들은 이 구절을 들어 "이 말은 여인이 예수께로 나아오려면 죄로부터 돌아서야 한다는 것 아닙니까?"라고 묻는다.

그러나 그 상황에서 이 말씀은 정죄를 의미한다. 서기관과 바리새인들은 자신들이 하나님의 영적 대리자이며, 하나님의 심판을 대행한다고 생각했다. 그들은 죄인을 그리스도께 끌고 왔고, 아마도 밀어 던지다시피 여인을 더러운 땅에 꿇어 앉혔을 것이다. 그 여인은 분명히 상하고, 당황하고, 수치스러웠을 것이다. 예수님은 그 여인의 죄를 꾸짖지 않으시고 오히려 무리의 죄를 꾸짖으셨다. "너희 중에 죄 없는 자가 먼저 돌로 치라"7절.

주님은 무리들로 두 가지 사실을 직면하게 하셨다. 첫째는 하나님의 영적 대리자가 되려면 죄가 없어야 한다는 것인데, 물론 이들은 죄인들이었다. 둘째는 하나님께 죄는 모두 죄라는 것이다. 그리스도는 "너희 중에 간음하지 않은 자들"이라고 하지 않고 "너희 중에 죄 없는 자"가 돌로 치라고 하셨다. 하나님의 기준은 완전이다. 거짓말하는 사람이나 배우자가 아닌 사람과 동침하는 사람이나 다 같은 죄인이라는 것이다. 그 여인을 정죄하던 자들은 "이 말씀을 듣고 양심의 가책을 받아"9절 그 자리를 떠났다.

그리스도 한 분만이 하나님의 심판을 행하실 수 있다. 간음한 여인에게 주신 그리스도의 메시지는 정죄가 아니라 위안이었다. "나도 너를 정죄하지 아니하노니." 조금 전만 해도 여인은 친구도 없이 버림받은 존재였다. 이제 그 여인에게 송사하는 적들은 문제가 되지 않았다. 조금 전에 여인은 죽음을 눈앞에 두고 있었지만, 지금은 춤을 출 만한 이유가 생겼다. 이 여인이 죄로부터 돌아섰을 것이라고 우리는 소망하지만, 성경은 오직 그리스도가 누구신지, 그리고 그가 그 여인을 정죄하시지 않은 것에만 초점을 맞추고 있다. 예수께서 그 여인을 용납하신 것은, 그 여인이 다시는 간음하지 않을 것이라는 데 근거한 것이 아니다.

이런 오해를 지지하는 성경 구절로 누가복음 19장의 삭개오 이야기도 사용된다. 세리 삭개오는 세금을 기준보다 더 많이 걷어서 착복했다. 하지만 그는 잘못을 인정했다. "주여 보시옵소서 내 소유의 절반을 가난한 자들에게 주겠사오며 만일 뉘 것을 토색한 일이 있으면 사 배나 갚겠나이다"8절. 구약에서는 무엇을 훔치면 그 4배를 물어주어야 했다출 22:1 참조. 삭개오는 자신의 죄를 인정했다.

이렇게 인정하는 것을 보시고 예수님은 선언하셨다. "오늘 구원이 이 집에 이르렀으니 이 사람도 아브라함의 자손임이로다"9절. 왜 그런가? 그리스도는 이렇게 계속 말씀하신다. "인자의 온 것은 잃어버린 자를 찾아 구원하려 함이니라"10절. 많은 성경 주석가들은 9-10절에 기록된 그리스도와 삭개오의 관계는 삭개오가 예수님을 믿은 후 그의 집에서 시작됐다는 해석에 동의한다. 이 후에 그가 다시는 세금을 속이지 않기를 바라지만, 누구도 확신할 수는 없다. 성경에는 그런 기록이 없다. 단지, 삭개오가 자신의 죄 많은 삶과 잃어버린 바 된 상태를 인정했고, 예수님은 그 고백을 받으셨다는 것만 알 수 있다.

그리스도가 구원하시러 온 사람, 곧 잃어버린 자들을 대표하는 인물이 삭개오이다. 이 성경 구절은 삭개오의 행적을 기록하려 한 것이 아니라, 그리스도가 구원하시러 온 사람, 즉 죄인을 강조하려고 삭개오를 예로 든 것이다. 우리는 선하고, 도덕적이고, 종교적인 사람으로 그리스도께 나오는 것이 아니라, 삭개오처럼 죄인으로 주님 앞에 나와야 한다.

플로리다에서 돌아오는 비행기 안에서 한 젊은 여인과 이야기를 나누게 되었다. 그 여인은 인터넷을 통해 한 남자를 알게 되었고, 그 남자의 초청을 받아 플로리다에 온 것이었다. 그런데 막상 그녀를 만난 남자는 관심이 없다며 되돌려 보냈다. 나는 그 여인에게 물었다.
"어디서 일하시나요?"
"임신한 사람은 직업을 구하기 힘들지요."
알고 보니 그녀는 다른 남자의 아기를 가지고 있었다. 나는 그녀에게 복음을 증거했는데, 그녀는 예수님에 대해 관심이 없다고 했다. 예전에 예수님께 몇 가지 기도를 드린 일이 있었는데, 그중 하나가 삼촌의 암을 고쳐달라는 것이었다. 그러나 기도는 응답되지 않았다. 그 후 그녀에게 예수님은 실망스럽고 실패하는 분이 되어 버렸다. 그녀는 자신의 모든 죄는 상관도 않고, 나름대로는 아주 "의로운" 사람이었다. 사람들은 자신의 잃어버린 바 된 상태를 깨닫기 전까지는, 그리스도가 필요하다고 생각하지 않는다.

"죄로부터 돌아서라"는 권고에 무슨 문제가 있는가?

첫째, "죄로부터 돌아서라."는 권고는 불신자들에게 할 수 없는 일을 주문하는 것이다. 바울은 잃어버린 자들의 상태를 이렇게 그리고 있다.

그 때에 너희가 그 가운데서 행하여 이 세상 풍속을 좇고 공중의 권세 잡은 자를 따랐으니 곧 지금 불순종의 아들들 가운데서 역사하는 영이라 전에는 우리도 다 그 가운데서 우리 육체의 욕심을 따라 지내며 육체와 마음의 원하는 것을 하여 다른 이들과 같이 본질상 진노의 자녀이었더니

엡 2:2-3.

우리들은 사탄의 자녀들이요, 종이었다. 사탄은 우리를 소유했고, 마음대로 지시했다. 하나님의 영이 우리 안에 거한 후에야 비로서 사탄에게 "안 돼!"라고 할 수 있고, 하나님께 "예!"라고 할 수 있게 되었다. 그래서 요한복음 8:36의 그리스도의 말씀은 의미 있게 된다. "그러므로 아들이 너희를 자유케 하면 너희가 참으로 자유하리라." 우리는 그리스도와 관계를 맺으면서 우리 인생을 지배하는 사탄의 권세와 죄의 능력으로부터 자유롭게 되었다.

옛 생활 방식을 고집하는 암만파 신도들이 사는 펜실베이니아 랭카스터에 가면 말이 끄는 마차를 많이 볼 수 있다. "말 앞에 수레를 두지 말라."는 말은 그곳에서 아주 흔한 말이다. 말이 수레를 끈다. 수레는 말을 끌 수 없다. 마찬가지로 예수 그리스도를 무덤에서 살리신 능력만이 우리를 죄로부터 돌이키실 수 있는데, 그 능력은 우리 안에 거하고 있다. 이 능력은 구원받기 전이 아니라 구원받은 후에야 우리 것이 된다.

둘째, "죄로부터 돌아서라."는 권고는 가장 기본적인 요구를 간과한다. 우리는 마땅히 하나님으로부터 분리되어야 할 죄인으로 자신을 성찰해야 한다. 언제, 어디서, 어떻게 죄로부터 돌아서는지는 그리스도께로 온 다음에 중요한 것이다. 바리새인들도 죄로부터 돌아섰다. 사실 자신들은 다른 사람들과는 다르다고 자랑스럽게 고백하기까지 했다. "바

리새인은 서서 따로 기도하여 가로되 하나님이여 나는 다른 사람들 곧 토색, 불의, 간음을 하는 자들과 같지 아니하고 이 세리와도 같지 아니함을 감사하나이다"눅 18:11. 바리새인들은 또한 어떤 선한 행위를 했는지 하나님이 아신다는 사실을 확실히 했다. "나는 이레에 두 번씩 금식하고 또 소득의 십일조를 드리나이다"12절. 그러나 불행하게도 자신이 죄인이라는 것은 보지 못했다.

같은 상황에서 세리는 자신이 죄 가운데 있음을 인정했다. "세리는 멀리 서서 감히 눈을 들어 하늘을 우러러보지도 못하고 다만 가슴을 치며 가로되 하나님이여 불쌍히 여기옵소서 나는 죄인이로소이다"13절. 이 세리도 다시는 직책을 이용하여 사람들을 속이지 않기를 바라지만, 아무도 그것은 알 수 없다. 그러나 그 세리가 죄인임을 인정했다는 것 하나만은 분명하다. 그때 예수님은 이렇게 선포하셨다. "내가 너희에게 이르노니 이 사람이 저보다 의롭다 하심을 받고 집에 내려갔느니라 무릇 자기를 높이는 자는 낮아지고 자기를 낮추는 자는 높아지리라"14절. 구원의 요점은 죄인이라는 것을 인정하는 것이지, 언제, 어떻게 죄로부터 돌아서느냐 하는 것이 아니다.

셋째, "죄로부터 돌아서라"는 권고는 요한복음을 무시하는 것이다. "그리스도께로 나오려면 무엇을 해야 합니까?"라는 질문에 답하려면, 제일 먼저 요한복음으로 가야 한다요 20:31. 잃어버린 영혼은 죄인으로서 하나님께 나오며, 그리스도께서 그를 위해 죽으시고 다시 사셨음을 인정하고, 구원받기 위하여 그리스도만을 의지하라는 권고를 받는다. 그리스도께 돌아올 때, 하나님은 우리를 더럽히는 죄와 파멸로부터 돌아서도록 도우신다. 요한복음은 우리가 '죄인'이라는 사실과, 우리가 해야 할 일은 '믿음'이라는 것을 강조한다. 그리스도만이 우리를 구원하신다는 것을 의지하라. 중요한 것은 우리가 누구이며, 누구에게로 나아오는가 하는 것이지, 우리가 무엇으로부터 돌이켜야 하느냐가 아니다.

넷째, 우리의 정직성과 관계가 있다. 우리가 불신자들에게 "죄로부터 돌아서지 않으면 구원받을 수 없소."라고 했다고 하자. 그렇다면 우리는 죄로부터 분명히 돌아섰는가? 남의 죄는 크게 확대하고 자신의 죄는 작게 축소하지 말아야 한다. 가끔 "동성애자들에게는 어떻게 전도합니까?"라는 질문을 받는다. 나의 대답은 이러하다. "다른 사람에게 전도하는 것과 똑같습니다. 우리가 죄인이라는 것을 설명하고, 그리스도께서 우리를 위해 죽으시고 다시 부활하셨으며, 우리는 그리스도를 의지해야 한다고 이야기합니다." 우리는 동성애를 역겨워할 수 있으나, 불친절한 생각, 이기적인 태도, 거짓을 일삼는 혀, 과식 같은 것들도 하나님께는 똑같이 역겨운 것이다. 나는 가끔 이런 말을 하고 싶은 유혹을 느낀다. "왜 '성질이 급한 사람에게는 어떻게 전도합니까? 이기적인 사람에게는 어떻게 전도합니까?' 라는 것은 묻지 않습니까?" 하나님께 죄는 모두 죄일 뿐이다. 어떤 죄든지 하나님이 보시기에는 역겹다. 사람들에게 죄로부터 돌아서지 않으면 구원받을 수 없다고 한다면, 바리새인과 다를 바 없는 것이며 남을 심판하는 것이다. 자신은 지지 않는 짐을 다른 사람에게 기준으로 제시하는 것이다.

마지막 문제는, 앞서 이미 언급한 것이다. "죄로부터 돌아서라."는 권고는, 사람들에게 그리스도인의 삶을 시작하는 것과 그리스도인의 삶을 살아가는 것을 혼동하게 한다. 그리스도께 나아오면 어떤 권고를 받는가? 성장하라는 것이다! "오직 우리 주 곧 구주 예수 그리스도의 은혜와 저를 아는 지식에서 자라가라" 벧후 3:18. 어떻게 자라는가? 말씀으로 자란다. "모든 성경은 하나님의 감동으로 된 것으로 교훈과 책망과 바르게 함과 의로 교육하기에 유익하니 이는 하나님의 사람으로 온전케 하며 모든 선한 일을 행하기에 온전케 하려 함이니라"딤후 3:16-17. 하나님은 말씀을 통해 무엇을 우리 삶에서 뽑아내야 하나님을 기쁘시게 하는지, 그리고 또 무엇을 심어야 할지를 보여 주신다. 말씀을 공부하면서 우리는 "죄로부터 돌아서는" 그리스도인으로서 살아가고 자라간다.

우리는 먼저 그리스도인의 생활로 들어간다. 그러고 나서 그리스도인의 삶을 살아간다. 이 두 가지를 혼동하지 말라.

성경은 무엇을 권고하는가?

먼저 우리는 그분 앞에 죄인으로 나와야 한다. 여기서 중요한 것은 우리 죄에 대하여 우리가 어떻게 느끼느냐가 아니라, 하나님이 어떻게 느끼시느냐는 것이다. 또 우리가 죄로부터 돌아설 마음이 있느냐가 아니라, 그것이 하나님 보시기에 영원한 심판을 받을 만한 죄라는 것을 인정할 마음이 있느냐는 것이다.

어떤 사람이 자기가 즐겨온 죄를 하나님이 어떻게 처리하실까봐 두려워서 그리스도께 나오기를 꺼려한다고 하자. 만약 그 사람이 부도덕이나 과식을 즐기며 그리스도께 나오기를 꺼려한다면, 마가복음 9:43-48을 자세하게 읽을 필요가 있다.

> 만일 네 손이 너를 범죄케 하거든 찍어버리라 불구자로 영생에 들어가는 것이 두 손을 가지고 지옥 꺼지지 않는 불에 들어가는 것보다 나으니라 만일 네 발이 너를 범죄케 하거든 찍어버리라 절뚝발이로 영생에 들어가는 것이 두 발을 가지고 지옥에 던지우는 것보다 나으니라 만일 네 눈이

너를 범죄케 하거든 빼어버리라 한 눈으로 하나님의 나라에 들어가는 것이 두 눈을 가지고 지옥에 던지우는 것보다 나으니라 거기는 구더기도 죽지 않고 불도 꺼지지 아니하느니라.

손으로 만지고, 발로 가고, 눈으로 보는 것이 그리스도께로 가는 데 장애가 되는가? 그렇다면 손을 자르고, 발을 자르고, 눈을 뽑는 것이 현명하다. 하나를 가지고 하나님과 함께 있는 것이 둘 다 가지고 하나님과 분리되는 것보다 낫다.

그렇지만 사람들이 진실한지, 아니면 그냥 "화재보험"을 드는 기분으로 믿는지 어떻게 알 수 있는가? 실제로 지옥에 가고 싶지 않아서 그리스도께 나오는 것도 훌륭한 이유가 된다. 내가 바로 그런 이유로 믿은 사람이다. 나는 승리의 삶이 무엇인지 알지 못했고, 구원에 감격하며 살아야 할 필요도 없었다. 내주하시는 성령님에 대한 지식도 없었다. 그저 뜨거운 불 가운데, 지옥으로 가고 싶지 않았다. 예수께 나오면 지옥에 가지 않을 것을 알고 나는 위안을 얻었다. 영원히 저주받아 마땅한 죄인들이 지옥에 가고 싶지 않아서 그리스도께 나오는 것은 합당한 이유이다. 사람들의 진실을 시험해 보라는 성경 구절은 어디서도 찾아볼 수 없다. 만약 사람들이 진실하지 않다면, 그들은 스스로 자신을 속이는 것이다. 결국 손해 보는 것은 자기 자신이다.

진실하지 않다는 딱지가 붙는 것은 대부분 그리스도 안에서 성장하는 과정을 제대로 거치지 않기 때문인데, 그것은 보통 자신의 잘못이 아니다. 그런 사람들은 대개 지금 무엇을 하고 있는지 모른다. 복음이 분명히 제시되지 않았든지, 아니면 양육이 따르지 않았을 것이다. 그들은 그리스도를 잘 의지했지만, 성장하도록 격려를 받지 않았든지, 어떻게 성장하는지 몰랐을 것이다. 양육을 받지 않은 새 신자는, 자신들이 이제 지옥을 면했을 뿐 아니라 그리스도를 앎으로 풍성한 삶을 경험할 수 있다는 것을 결코 이해할 수 없다.

둘째로, 죄인이라는 것을 깨달으면 그리스도를 천국 가는 유일한 길로 의지해야 한다. 그는 우리 대신 죽으시고 제3일에 다시 살아나심으로 모든 죗값을 치르셨다. 우리는 그리스도와 우리가 계획하는 변화된 삶, 두 가지를 의지해서는 안 된다. 오직 영생에 이르는 유일한 길로 그리스도만을 의지해야 한다. 구원이란 그리스도를 기초로 하고 거기에 무엇을 더하는 것이 아니라, 그리스도만으로 끝이다.

마지막으로, 일단 그리스도를 의지하고 나면 그리스도인의 삶은 자연적인 삶이 아니라는 것을 인정해야 한다. 그것은 초자연적인 삶이다. 우리는 죄와 씨름하게 될 것이다. "내 속 곧 내 육신에 선한 것이 거하지 아니하는 줄을 아노니 원함은 내게 있으나 선을 행하는 것은 없노라 내가 원하는 바 선은 하지 아니하고 도리어 원치 아니하는 바 악은 행하는도다" 롬 7:18-19. 하루는 죄에서 돌아서지만, 다음날은 죄의 유혹을 받는다. 우리 힘으로는 유혹을 따라 잘못하기 십상이지 옳은 일을 하기는 어렵다.

우리가 그리스도인의 삶을 사는 것이 아니라, 그리스도께서 우리를 통해 사시는 것이다. 바울은 "내가 그리스도와 함께 십자가에 못 박혔나니 그런즉 이제는 내가 산 것이 아니요 오직 내 안에 그리스도께서 사신 것이라 이제 내가 육체 가운데 사는 것은 나를 사랑하사 나를 위하여 자기 몸을 버리신 하나님의 아들을 믿는 믿음 안에서 사는 것이라" 갈 2:20고 고백하고 있다. 우리 안에 거하시는 성령을 의지할 때, 주님이 원하시는 삶을 살 수 있는 능력을 갖게 된다. 갈라디아서 5장은 사람의 영의 열매가 아니라 성령의 열매를 증거하고 있다. "오직 성령의 열매는 사랑과 희락과 화평과 오래 참음과 자비와 양선과 충성과 온유와 절제니 이 같은 것을 금지할 법이 없느니라"22-23절. 성령은 우리에게 능력을 주셔서 의로움이 드러나고, 죄에 끌려 다니지 않는 삶을 살게 하신다.

결론

그리스도께로 나오려면, 자신을 죄인으로 볼 수 있어야 하고 또 예수님을 유일한 구주로 인정해야 한다. 사람들은 사탄의 포로 상태이므로, 죄로부터 자유하기 위해서는 자신의 방법, 진실된 약속, 단계적 개혁이 아니라 오직 그리스도만을 의지해야 한다. 우리 대신 흘리신 그의 피를 통해서만 우리가 마땅히 받을 영원한 저주로부터 구원받을 수 있다. 그리스도를 믿음으로 우리는 그의 도움을 받아 "죄로부터 돌아서는" 새로운 삶을 살 수 있다. 회개하기 전, 하나님의 능력을 입기 전에는 그런 능력이 없었는데 이제는 새로운 삶을 살 수 있게 된 것이다.

> **하나님**은 우리에게 먼저 죄로부터 돌아서라고 요구하시지 않는다. 그저 죄인임을 고백하고 그리스도를 의지해 구원받으라고 말씀하신다. 그런 다음 하나님의 도우심을 힘입어 하나님을 슬프게 하는 죄로부터 돌아서고, 가장 거룩한 삶을 살게 되는 것이다.

MISCONCEPTION 오해 14

주 안의 형제 자매를 사랑하지 않으면, 구원받은 것이 아니다.

　무엇인가 그 여인에게는 버거웠다. 그 여인은 진실하고 순수해서 자신의 연약함을 인정하기를 두려워하지 않는다. 그러나 깊이 패인 이마의 주름은 그녀가 유지하려는 품위와는 다른 것을 보여 주고 있었다. 그녀는 힘들게 고민을 털어놓았다.
　"때로 저는, 제가 마땅히 사랑해야 할 만큼, 또는 다른 사람들이 하는 것만큼 사람들을 사랑하지 않습니다. 우리 교회 교인들조차도 말입니다. 그렇다면 저는 그리스도인이라고 생각만 하는 것이지, 사실은 그리스도인이 아닌 것이지요?"
　사람들에게 "그리스도인에게 나타나야 하는 특별한 성품은 무엇입니까?"라고 물어보라. 대부분은 예외 없이 "사랑입니다."라고 대답할 것이다. 하나님께서 우리를 사랑하셨으므로 우리도 다른 사람들을 사랑해야 한다는 것이다.
　만약 우리가 사랑하지 않는다면 어떻게 되나? 그렇다면 우리는 그리스도인이 아니라는 말인가? 어떤 사람들은 두 성경 구절에 근거해서 "맞아, 그러니까 그 사람은 그리스도인이 아니라구!"라고 우긴다.

성경은 무엇이라고 하는가?

"그리스도 안의 형제 자매를 사랑하지 않으면, 구원받은 것이 아니다."라는 생각을 뒷받침하는 데 쓰이는 성경 구절은 다음 두 구절이다.

요한일서 4:7-8

사랑하는 자들아 우리가 서로 사랑하자 사랑은 하나님께 속한 것이니 사랑하는 자마다 하나님께로 나서 하나님을 알고 사랑하지 아니하는 자는 하나님을 알지 못하나니 이는 하나님은 사랑이심이라.

성경 해석시 필수적으로 고려해야 할 것은 문맥이다. 이 구절은 요한일서에 있지 요한복음에 있는 구절이 아니다. 이 차이가 왜 중요한가? 이 책 전반에서 강조하는 것은, 요한복음은 어떻게 하면 영생을 얻는지에 대해 기록된 책이라는 것이다. "오직 이것을 기록함은 너희로 예수께서 하나님의 아들 그리스도이심을 믿게 하려 함이요 또 너희로 믿고 그 이름을 힘입어 생명을 얻게 하려 함이니라"요 20:31. 요한은 우리가 믿음으로, 우리를 구원하실 분으로 그리스도만 의지하여 영생을 얻는다고 말하고 있다. 요한복음 어느 곳에서도 사람을 사랑하는 것이 구원의 조건이라고 언급하지 않는다.

그렇지만 요한일서는 한번 믿은 그분에게 어떻게 가까이 다가갈 수 있는지, 어떻게 그분과 교제해야 하는지에 대해 기록된 책이다. "우리가 보고 들은 바를 너희에게도 전함은 너희로 우리와 사귐이 있게 하려 함이니 우리의 사귐은 아버지와 그 아들 예수 그리스도와 함께함이라 우리가 이것을 씀은 우리의 기쁨이 충만케 하려 함이로라" 요일 1:3-4. 요한은 복음서에서 '믿음'이란 단어를 98회나 사용했다는 것을 기억하라. 하지만 요한일서에서는 '거한다'는 단어를 26회나 사용하면서 어떻게 그분과 교제하는지를 설명했다. 우리는 믿음으로 그리스도를 알고, 함께 거함으로 그리스도에게 가까이 간다. 함께 거함은 그와 함께 동행하며, 우리 안에 그분께서 사시도록 그를 의지하는 것이다.

하나님의 본성은 사랑이시다. "사랑은 하나님께 속한 것이니 사랑하는 자마다 하나님께로 나서 하나님을 알고" 요일 4:7. 성경에는 '안다'는 단어가 두 가지 있다. 하나는 "어떤 것을 사실로 안다"는 것으로, 예를 들면 우리는 사실을 통해 부모를 안다. 다른 하나는 "어떤 것을 경험으로 안다"는 것인데, 예를 들면 우리는 부모와 같이 살아왔기 때문에 더 깊은 차원에서 부모를 안다. 요한일서의 이 구절은 우리가 그와 동행하고 그 경험으로 그를 안다는 것이다.

그런데 우리가 사랑하지 않는다면 어떻게 하나? 그 다음 구절을 보라. "사랑하지 아니하는 자는 하나님을 알지 못하나니" 요일 4:8. 요한은 그런 사람은 주님을 구주로 알지 못한다고 말하지 않고, 주님과 가까이 동행하지 않는다고 말하고 있다. 앞서 말한 여인이 주님과 가까이 동행했다면, 하나님은 사랑이시므로 그 여인은 사랑하는 사람이 되었을 것이다.

이 사실을 염두에 두고 성경을 읽어 내려가면 이런 말씀이 나온다. "……만일 우리가 서로 사랑하면 하나님이 우리 안에 거하시고 그의 사랑이 우리 안에 온전히 이루느니라" 요일 4:12. 요한일서에서 다른 사람을 사랑하는 것은 그리스도를 의지했느냐의 문제가 아니라, 그리스도 안에 거하느냐의 문제이다.

요한일서 4:20-21

누구든지 하나님을 사랑하노라 하고 그 형제를 미워하면 이는 거짓말하는 자니 보는 바 그 형제를 사랑치 아니하는 자가 보지 못하는 바 하나님을 사랑할 수가 없느니라 우리가 이 계명을 주께 받았나니 하나님을 사랑하는 자는 또한 그 형제를 사랑할지니라.

요한일서의 배경을 이해한다면 이 구절들의 의미는 분명해진다. 성경은 "누구든지 '그리스도를 믿노라' 하고 그 형제를 미워하면 이는 거짓말하는 자니"라고 하지 않고, "누구든지 '하나님을 사랑하노라' 하고 그 형제를 미워하면 이는 거짓말하는 자니"라고 한다. 우리는 하나님과 관계를 맺고 있으면서도 형제를 미워할 수 있다. 얼마나 많은 그리스도인들이 이 문제로 갈등하는지 모른다. 하지만 형제를 미워하면서 하나님을 사랑할 수는 없다. "우리가 이 계명을 주께 받았나니 하나님을 사랑하는 자는 또한 그 형제를 사랑할지니라"요일 4:21. 아버지를 사랑하면, 그 가족 역시 사랑해야 한다.

요한일서의 말씀은 하나님과의 개인적인 관계를 논하는 것이 아니라, 하나님과의 개인적인 친밀함에 대한 것이다. 하나님은 영생을 허락하시면서 조건을 붙이지 않으셨다. 그러나 우리는 형제를 미워하면서 동시에 하나님을 사랑할 수는 없다. 하나님을 사랑하는 것은 그 가족을 사랑하는 것이다.

사랑은 제자도의 필수사항이다

일단 그리스도를 의지하면, 하나님께서는 우리를 제자로 초청하신다. 다시 말하지만, 제자는 "배우는 사람"으로서, 그리스도를 따라다니며 그에 대하여 더 배운다. 물론 구원은 거저이지만, 제자도는 대가가 클 수 있다. 그리스도는 이런 경고를 하셨다. "무릇 내게 오는 자가 자기 부모와 처자와 형제와 자매와 및 자기 목숨까지 미워하지 아니하면 능히 나의 제자가 되지 못하고 누구든지 자기 십자가를 지고 나를 좇지 않는 자도 능히 나의 제자가 되지 못하리라" 눅 14:26-27.

제자가 되겠다는 사람들에게 그리스도는 무엇을 원하셨을까? "새 계명을 너희에게 주노니 서로 사랑하라 내가 너희를 사랑한 것같이 너희도 서로 사랑하라 너희가 서로 사랑하면 이로써 모든 사람이 너희가 내 제자인 줄 알리라" 요 13:34-35. 그리고 15장에서 그분은 같은 권고를 반복하신다. "내가 이것을 너희에게 명함은 너희로 서로 사랑하게 하려 함이로라" 요 15:17.

그리스도는 모든 한계를 허물어 버리셨다. 그는 사랑을 저 높은 곳으로 끌어올려 우리 인간으로서는 감히 손도 댈 수 없게 하셨다.

"또 네 이웃을 사랑하고 네 원수를 미워하라 하였다는 것을 너희가 들었으나 나는 너희에게 이르노니 너희 원수를 사랑하며 너희를 핍박하는 자를 위하여 기도하라" 마 5:43-44.

그 이유는 무엇일까? 나를 사랑하는 사람을 사랑하는 것은 쉽다. 그러나 나를 미워하는 사람을 사랑하는 데는 제자도가 필요하다. 그리스도는 계속하여 "너희가 너희를 사랑하는 자를 사랑하면 무슨 상이 있으리요 세리도 이같이 아니하느냐 또 너희가 너희 형제에게만 문안하면 남보다 더 하는 것이 무엇이냐 이방인들도 이같이 아니하느냐" 46-47절라고 말씀하신다. 어떤 사람은 "친구를 사랑하는 것은 자연스럽지만, 적을 사랑하는 것은 그리스도의 성품이다."라는 말을 했다.

그리스도의 사랑 안에 거하지 않고는 다른 사람을 사랑할 수 없다. 다른 사람을 사랑하지 않는다면 제자로서 순종의 삶을 사는 것이 아니다.

사랑은 구원에 관한 문제가 아니요, 제자도에 관한 문제이다.

우리는 할 수 없는 것을 할 수 있는 능력을 주님께 받을 뿐 아니라, 또한 그의 모범을 보고 배운다. 그리스도께서 얼마나 사랑하시고 용서하시는지 성경은 잘 보여 준다. 우리 죄를 지고 십자가에서 돌아가신 것을 보면 그의 사랑이 얼마나 깊은지 이해할 수 있다. 주님은 우리를 그렇게 사랑하셨는데, 어찌 우리가 다른 사람을 사랑하지 않을 수 있는가? 요한은 "사랑하는 자들아 하나님이 이같이 우리를 사랑하셨은즉 우리도 서로 사랑하는 것이 마땅하도다"요일 4:11라고 권고한다.

몇 년 전 뉴질랜드의 한 작은 선교교회에서 성만찬을 기념하는 중에 극적인 일이 벌어졌다. 예배하던 사람들은 앞으로 나와 강단 아래 무릎을 꿇고 있었다. 아무것도 움직이지 않고 깊은 정적이 흘렀다. 그때 갑자기 한 청년이 일어나더니 자기 자리로 돌아갔다. 그의 얼굴과 태도에는 분노의 기색이 역력했다. 그러나 조금 시간이 흐르자, 그 청년은 경건한 모습으로 다시 강단에 나아와 성찬을 들었다. 나중에 친구가 왜 그랬느냐고 물었다. 그는 이렇게 대답했다.

"처음 강단 앞에 나갔을 때 보니 몇 년 전 아버지를 죽인 사람이 옆에 앉아 있지 뭔가. 아버지가 돌아가셨을 때 나는 그를 죽여 복수하겠다고 맹세했었다네. 그러나 잔을 들고 검붉은 포도주를 보니 주님의 피가 생각나더군. 도저히 그 살인자와 그 자리에 함께 있을 수가 없었네. 특히 내 속의 증오를 알게 되니 말일세. 그래서 그냥 내 자리로 돌아왔지. 그런데 내 자리에서 주님의 다락방과 만찬 식탁을 보게 되었다네. 술과 떡, 쓴나물과 양고기 등 모든 것이 완전히 차려진 유월절 식탁 말일세. 그때 음성이 들렸네. '너희가 서로 사랑하면 이로써 모든 사람이 너희가 내 제자인줄 알리라!' 그때 십자가가 보이고, 한 사람이 거기 못 박히는 것이 아닌가?

피가 흘러내려 땅 속에 스며들고 있었네. 그때 앞서 드린 바로 그 음성이 다시 들렸네. '아버지여 저들을 용서하옵소서 저들이 하는 것을 알지 못함이니이다!' 그때 나는 다시 일어서서 강단으로 나아왔다네."[1]

결론

"주 안의 형제 자매를 사랑하지 않으면, 구원받은 것이 아니다."라는 말은 오해이다. 다른 사람을 사랑하는 것은 그리스도께로 나온 결과가 아니라, 그리스도 안에 거한 결과이다. 즉 사랑은 제자도의 요구사항이다. 그리스도 안에 거하면, 다른 사람들을 사랑할 수 있는 하나님의 능력을 갖게 된다. 하나님이 우리를 사랑하셨듯이, 우리의 원수까지도 사랑할 수 있게 된다. 그렇게 할 때 세상에 우리가 그분의 제자임이 널리 드러나게 될 것이다.

> 그리스도 안에 있는 형제 자매를 사랑하는 것은 구원의 조건이 아니다. 그것은 그리스도와 가까이 교제하며 그를 따른 결과이다.

---

1. G. A. Johnson Ross quoted in *Christian Clippings* (October 1988): 13-14.

오해 15

예수께 나오기만 하면,
건강하게, 부유하게 만들어 주신다.

이것은 "건강과 부의 복음"이라 불린다. 사람들은 좋은 자동차나 비싼 집이나 무엇이든지 구하기만 하면 되니, 아주 구체적으로 구하라고 한다. 만약 백만 원이 필요하면 백만 원을 구하고, 5백만 원이 필요하면 5백만 원을 구하라는 것이다. 혹은 주식 투자로 재산을 늘리고 싶으면 성공적인 주식 투자법을 구하라는 것이다. 어떤 설교자는 "하나님이 당신을 위해 무엇을 해야 할지 하나님께 말하시오!"라고 했다.

사람들은 이렇게 생각한다. "하나님은 그 자녀들이 가난하고 병들어 구질구질하게 사는 것을 원치 않으신다. 그것은 마귀의 계획이지 하나님의 계획은 아니다. 이제 그리스도인이 되었으니, 마귀에게 '내 뒤로 물러서라, 사탄아! 나는 더 이상 병들고 가난하게 살지 않으련다!'라고 외치면 된다." 그 결과, 이 번영의 복음은 불치의 병을 앓고 있는 병자들까지도 꾸짖게 된다. "당신이 믿음만 충분히 있으면, 이렇게 무기력하게 병들어 죽지는 않을 것입니다!"

이런 부류의 사람들은 우리가 왕의 자녀들이라면 마땅히 왕의 자녀들처럼 살아야 한다고 가르친다. 우리는 신적인 특권을 가졌으므로 "구체적인 항목을 대고, 그것을 구하면서" 하나님께 소원을 아뢰면, 그대로 이루어진다는 것이다. 병이나 가난은 그 자녀들을 위한 하나님의 뜻이 아니므로, 만약 부유하고 건강하지 않다면 나는 그리스도께 나온 것이 아닐 것이라는 오해로 발전되는 데 사용된 성경 구절을 보면 놀라울 뿐이다.

어떤 성경 구절을 사용하였는가?

물론 더 많은 성경 구절이 이를 뒷받침하기 위해 사용되었으나, 다음 다섯 구절이 가장 많이 사용되었다.

신명기 8:18

네 하나님 여호와를 기억하라 그가 네게 재물 얻을 능을 주셨음이라 이같이 하심은 네 열조에게 맹세하신 언약을 오늘과 같이 이루려 하심이니라.

이처럼 여호와가 재물 얻을 능을 주셨는데 재정적으로 부유하지 못하다면 영적으로 잘못된 것이라고 그들은 주장한다.

그러나 이 구절은 경고이지 약속이 아니다. 앞서 14-16절에서 하나님은 이스라엘 백성에게 자신이 행하신 4가지 일을 상기시킨다. 하나님은 그들을 애굽에서 이끌어 내시고, 광야를 무사히 통과하게 하시고, 반석에서 물을 내어 마시게 하시며, 만나를 먹이셨다. 이렇게 하나하나 공급하신 것은 저들이 하나님을 의뢰하는지를 보기 위함이었다. 그들이 하나님의 선물을 인정했을까, 아니면 스스로의 능력을 믿었을까? "내 능과

내 손의 힘으로 내가 이 재물을 얻었다"17절라는 말을 하고 싶은 유혹이 든다. 하나님을 찬양하지 않으면 하나님을 잊게 되는 것이다. 하나님을 잊게 되면, 다른 신을 섬기게 된다. 다른 신을 섬기는 것은, 곧 다른 나라들이 모두 그랬듯이 멸망으로 향하는 것이다. 이 장은 "네가 만일 네 하나님 여호와를 잊어버리고 다른 신들을 좇아 그들을 섬기며 그들에게 절하면 내가 너희에게 증거하노니 너희가 정녕히 멸망할 것이라 여호와께서 너희의 앞에서 멸망시키신 민족들같이 너희도 멸망하리니 이는 너희가 너희 하나님 여호와의 소리를 청종치 아니함이니라"19-20절고 결론을 맺는다.

이 구절은 번영을 약속하는 말씀이 아니다. 오직 하나님께서 주신 번영을 누리면서, 이것을 우리 능력의 결과로 돌리는 위험을 경고하는 것이다.

전도서 11:1

너는 네 식물을 물 위에 던지라 여러 날 후에 도로 찾으리라.

사람들은 "네가 가진 것을 주께 바치라. 그러면 그 몇 배를 하나님이 돌려주시리라."고 말한다. 특히 부의 번영에 대해 이 말을 사용하는 이유는, 사람이 하나님보다 더 많이 드릴 수 없다는 사고방식 때문이다. 사람이 드리는 것보다 하나님은 더 많이 되돌려주신다.

하지만 전후 문맥을 보면 본문이 의도하는 바는 전혀 다르다. 바로 그 다음 구절을 보면, "일곱에게나 여덟에게 나눠줄지어다 무슨 재앙이 땅에 임할지 네가 알지 못함이니라"는 기록이 있다. 아무도 장차 일어날 재앙을 알 수 없으니, 지혜롭게 투자하라는 권고이다. "네 식물을 물 위에 던지라 여러 날 후에 도로 찾으리라"는 말은 "곡식을 바다 건너 보내라. 때가 되면 되돌아올 것이다."라는 의미이다. "일곱에게나 여덟에게 나눠줄지어다"는 "모든 계란을 한 바구니에 넣지 말라"는 의미이다. 즉 엄청난 투기보다는 신중한 투자를 하라는 것이다.

본문이 의미하는 바는 투자하면 수익이 돌아온다는 것이다. 그러나 수익이 얼마나 클지는 말하지 않는다. 어떤 투자는 이익이 더 나기도 할 것이다. 이처럼 본문은 일과 지혜에 대한 말씀이지 번영의 약속은 아니다.

말라기 3:10

만군의 여호와가 이르노라 너희의 온전한 십일조를 창고에 들여 나의 집에 양식이 있게 하고 그것으로 나를 시험하여 내가 하늘 문을 열고 너희에게 복을 쌓을 곳이 없도록 붓지 아니하나 보라.

본문을 근거로 사람들은 "하나님께 바치라. 그리고 얼마나 축복해 주시는지 보라."고 가르친다. 하나님께 드리면 물질을 부어 주신다는 것이다. 즉 하나님께 드리는 것은 씨앗이고, 풍성한 수확을 거두리라는 것이다.

그러나 본문은 하나님이 이스라엘과 맺은 특별한 언약 관계라는 맥락에서 보아야 한다. 신명기 28장의 모세율법에는 순종하면 복을, 불순종하면 저주를 받으리라고 구체적으로 언급되어 있다. 하나님과 이런 특별한 관계를 맺은 나라는 오직 이스라엘뿐이다.

하나님은 이스라엘 백성들이 십일조와 헌물을 드리지 않으면 꾸짖으셨고, 백성들은 하나님의 저주를 경험했다. 하나님은 그때 돌아오라고 간곡히 권하신다3:7. 그들은 어떻게 돌아가야 할까? 그들은 구체적으로 어떤 행동을 취해야 할까?

그들은 "온전한 십일조를 창고에 들여야" 하는데, 여기서 창고는 성전 안의 방으로 곡식의 십일조가 쌓여 있는 곳이다느 10:38, 13:12 참조. 하나님은 백성들에게 농사의 복을 주실 것이고, 백성들은 기름진 땅과 풍성한 수확을 기대할 것이다. 하나님은 농작물이 병충해를 입지 않고 "황충을 금하여 너희 토지 소산을 멸하지 않게 하며 너희 밭에 포도나무의 과실로 기한 전에 떨어지지 않게"3:11 하실 것이라고 약속하신다. 거기다가 백성들은 열방 중에 복된 이름을 얻게 될 것이다3:12. 이 축복을 막는 단 한 가지는, 하나님의 명령에 불순종하는 것이다.

그러니까 말라기는 모세율법에 있는 이스라엘에 대한 하나님의 약속이다. 히브리서 8:13은 하나님께서 우리와 새 언약을 맺었다고 가르치고 있으나, 성경의 어느 곳에서도 하나님이 이스라엘과 맺으신 것과 같은 계약을 하신 나라는 언급되지 않는다.

하나님 백성들의 필요를 채워 주는 사람들을 하나님께서 사랑하사 그들에게 하나님이 베푸시겠다는 약속을 하시는가? 그렇다. 빌립보서 4:19은 "나의 하나님이 그리스도 예수 안에서 영광 가운데 그 풍성한 대로 너희 모든 쓸 것을 채우시리라"고 격려한다. 빌립보 교인들이 헌금을 통해 복음 사역의 필요를 충당했으므로, 하나님은 그들의 필요를 채워 주신다. 그렇다고 빌립보서가, 하나님께 바치면 건강과 물질로 채워 주신다는 일방적인 약속은 아니다. 하나님은 필요를 채워 준다고 약속하셨지, 우리의 원대로 다 주겠다는 약속을 하신 것은 아니다.

요한복음 15:7

너희가 내 안에 거하고 내 말이 너희 안에 거하면 무엇이든지 원하는 대로 구하라 그리하면 이루리라.

"무엇이든지 원하는 대로 구하라"는 구절을 앞세우며, 사람들은 우리가 소원을 아뢰면 그대로 이루어질 것이라고 가르친다. 이것을 적용하여 그들은 "새집, 새차, 돈, 더 나은 직장을 원한다면 그냥 구하라. 그러면 그대로 될 것이다."라고 가르친다.

그러나 이 구절은 그리스도 안에 거하는 것에 관한 이야기이다. 오직 그만 의지할 때 우리는 풍성한 결실을 맺는다. 두 절 앞을 보면 "나는 포도나무요 너희는 가지니 저가 내 안에, 내가 저 안에 있으면 이 사람은 과실을 많이 맺나니 나를 떠나서는 너희가 아무것도 할 수 없음이라"고 되어 있다.

그 안에 거함으로 우리의 뜻은 그의 뜻과 일치해야 하고, 우리가 원하는 것은 그가 원하는 것이어야 한다. 그 정도로 하나님의 뜻과 일치되어야 우리 입술의 기도가 하나님의 마음의 소원과 일치하게 된다. 우리의 소원이 하나님의 소원과 합치할 때, 우리의 소원을 아뢸 수 있고, 그 소원대로 이루어진다.

거기다가 또 유의해야 할 것은, 이 구절은 영적 열매를 가리키는 것이지 물질적인 공급을 의미하는 것이 아니다.

"너희가 과실을 많이 맺으면 내 아버지께서 영광을 받으실 것이요 너희가 내 제자가 되리라"8절.

사람들이 구하고, 구하는 대로 요구하라고 해석하는 본문은, 사실 하나님의 뜻에 순응할 것을 강권하고 있다. 우리에게는 육체적, 물질적 번영보다 더 중요한 일들이 있다 우리 마음이 그분에게 가까이 있을 때, 우리의 의지와 소원은 그분과 일치한다. 우리는 영적으로 풍성한 열매를 바라게 된다. 그럴 때 우리는 원하는 바를 아뢸 수 있고, 또 그대로 될 것을 안다.

요한삼서 2절

사랑하는 자여 네 영혼이 잘됨같이 네가 범사에 잘되고 강건하기를 내가 간구하노라.

어떤 이들은 "건강과 부보다 더 확실한 소원이 어디 있습니까?"라고 묻는다. 우리는 "영혼이 잘되어 가면서" 점점 더 그리스도를 닮아, 그리스도처럼 가장 거룩한 삶을 살겠다는 목표를 갖게 될 것이다. 그러므로 하나님은 우리 육체의 건강도 그렇게 되기를 바라신다. 어떤 이들은 "네가 범사에 잘되고"에 재정적인 부분도 포함된다고 주장한다.

그렇지만 요한삼서는 가이오에게 쓴 개인 서신으로1절, 요한의 목적은 그를 격려하며, 이 편지를 가지고 가는 순회전도자 데메드리오12절를 선대하라는 것이다. 2-6절 말씀은 가이오가 신뢰할 만한 영적인 사람이라는 것을 보여 주며, 요한은 가이오가 육체적인 면에서도 잘 지내기를 바랐다. 즉 사도는 가이오가 영적으로, 육체적으로 잘 지내는지에 관심을 가진 것이 분명했다. 2절은 사실 "네 영혼과 육체가 잘되기를 바라노라"고 풀어 쓸 수도 있을 것이다.

이 기도를 보고, 우리 역시 다른 사람들의 영적 필요뿐 아니라 육체적 필요를 위해서도 기도해야 할 것이다. 여기서 이 논제를 더 발전시키는 것은 성경이 허락한 선을 넘는 것이다. 재정에 대한 언급은 없다. 또한 가이오가 병들었다면(사실 그는 때때로 병이 들었을 것이다) 요한은 그의 건강을 위해 기도했을 것이다. 그러나 "당신이 믿음이 더 컸다면 이런 병에 걸리지 않았을 것이오."라고 했을 것이라는 암시는 찾아볼 수 없다.

많은 성경의 사람들이 육체적, 물질적으로 번영하지 못했다

그러니까, 신자들은 건강이나 부를 약속받은 것이 아니다. 하나님의 위대한 종 가운데 어떤 이들은 사실 이 땅에서 번영을 누리지 못했다. 그렇지만 그들의 회심이 의심받은 것도 아니고, 그것을 건강과 연관시키지도 않았다.

야고보서를 생각해 보라

야고보서는 시험을 통과하는 사람들을 위해 기록되었다. 그들은 사랑하는 사람들과 헤어졌고, 소유도 다 빼앗겼다. 생명의 위협을 당하는 핍박의 시대에 그들은 로마 제국에 흩어져 살고 있었다. 야고보는 그들에게 이런 어려움 가운데 어떻게 시험을 참으며 그리스도인의 삶을 살 것인지를 말하려고 이 서신을 기록했다.

"내 형제들아 너희가 여러 가지 시험을 만나거든 온전히 기쁘게 여기라 이는 너희 믿음의 시련이 인내를 만들어 내는 줄 너희가 앎이라"약 1:2-3.

야고보는 그들에게 그들의 소망이 오직 주의 재림에 있는 것이지 환경의 변화에 있는 것이 아니라고 주의를 환기시킨다.

"그러므로 형제들아 주의 강림하시기까지 길이 참으라"5:7.

사도 바울을 생각해 보라

바울은 그리스도처럼 살았던 좋은 모범으로, "내가 그리스도를 본받는 자 된 것같이 너희는 나를 본받는 자 되라"고전 11:1고 말할 정도였다. 그렇지만 그의 건강은 좋지 않았고, 궁핍에 처하기도 했다.

그가 어떤 병을 갖고 있었는지는 알 수 없으나(많은 사람들이 눈병일 것이라고 생각했다), 그는 하나님께 치료해 주시기를 3번 구했다. 그러나 하나님께서는 3번 모두 거절하셨다. 바울은 "여러 계시를 받은 것이 지극히 크므로 너무 자고하지 않게 하시려고 내 육체에 가시 곧 사단의 사자를 주셨으니 이는 나를 쳐서 너무 자고하지 않게 하려 하심이니라 이것이 내게서 떠나기 위하여 내가 세 번 주께 간구하였더니"고후 12:7-8라고 했다. 바울의 기도 응답은 치유가 아니라, 고통을 이겨낼 힘을 얻는 것이었다. 주님의 대답은 "내 은혜가 네게 족하도다 이는 내 능력이 약한 데서 온전하여짐이라"9절였다. 이 확신 때문에 바울은 "내가 그리스도를 위하여 약한 것들과 능욕과 궁핍과 핍박과 곤란을 기뻐하노니 이는 내가 약할 그때에 곧 강함이니라"10절고 고백할 수 있었다.

게다가 바울은 풍족함을 누린 것이 아니라, 여러 차례 궁핍함을 경험했다. 그러나 그는 더 많은 물질을 구하지 않고, 그리스도를 더 많이 구했다. 예를 들면, 그는 빌립보 교회가 전해 준 헌금에 감사하면서, 그들이 그의 만족을 위해서가 아니라 그의 필요를 위해 섬긴다고 편지했다. "내가 비천에 처할 줄도 알고 풍부에 처할 줄도 알아 모든 일에 배부르며 배고픔과 풍부와 궁핍에도 일체의 비결을 배웠노라 내게 능력 주시는 자 안에서 내가 모든 것을 할 수 있느니라"빌 4:12-13.

바울은 깊은 영의 사람이었으나, 언제나 건강하고 활기차기만 한 사람은 아니었고, 결코 부유한 사람도 아니었다.

믿음의 영웅들을 생각해 보라

히브리서 11장은 믿음의 영웅들을 열거하는데, 이들의 삶은 질병, 가난, 고난으로 점철되어 있지 "건강과 부"가 넘친 것이 아니었다.

어떤 이들은 더 좋은 부활을 얻고자 하여 악형을 받되 구차히 면하지 아니하였으며 또 어떤 이들은 희롱과 채찍질뿐 아니라 결박과 옥에 갇히는 시험도 받았으며 돌로 치는 것과 톱으로 켜는 것과 시험과 칼에 죽는 것을 당하고 양과 염소의 가죽을 입고 유리하여 궁핍과 환난과 학대를 받았으니 (이런 사람은 세상이 감당치 못하도다) 저희가 광야와 산중과 암혈과 토굴에 유리하였느니라히 11:35-38.

성경은 육체적, 물질적 번영을 추구하는 것을 경계한다

신자들은 탐욕이 아니라 자족의 삶을 살아야 한다. 잠언과 디모데전서 두 곳에서 신자의 올바른 태도를 논하고 있다.

"내가 두 가지 일을 주께 구하였사오니 나의 죽기 전에 주시옵소서 곧 허탄과 거짓말을 내게서 멀리하옵시며 나로 가난하게도 마옵시고 부하게도 마옵시고 오직 필요한 양식으로 내게 먹이시옵소서" 잠 30:7-8.

잠언 기자는 인간의 연약함을 인식하면서 인생의 가장 취약한 부분에서 도움을 간구하고 있다. 하나는 거짓으로부터 지켜 달라는 것이요, 다른 하나는 일용할 양식을 달라는 것이다. 그는 부와 궁핍의 위험을 잘 알고 있었다. 부하게 되면 하나님을 잊고 자만한 사람이 될 수 있고, 가난하면 하나님의 성품을 잊고 도적이 될 수도 있다. 그러므로 그는 날마다 공급해 주시는 것으로 만족할 수 있게 해 달라고 기도했다.

바울은 디모데전서에서 양의 목자가 되려는 사람들은 자족할 수 있어야 한다고 강조한다.

그러나 자족하는 마음이 있으면 경건이 큰 이익이 되느니라 우리가 세상에 아무것도 가지고 온 것이 없으매 또한 아무것도 가지고 가지 못하리니 우리가 먹을 것과 입을 것이 있은즉 족한 줄로 알 것이니라 부하려 하는 자들은 시험과 올무와 여러 가지 어리석고 해로운 정욕에 떨어지나니 곧 사람으로 침륜과 멸망에 빠지게 하는 것이라 돈을 사랑함이 일만 악의 뿌리가 되나니 이것을 사모하는 자들이 미혹을 받아 믿음에서 떠나 많은 근심으로써 자기를 찔렀도다 딤전 6:6-10.

왜 자족해야 하는가? 우리는 이 세상에 온 그대로 간다. 아무것도 가지고 오지 않았고, 아무것도 가지고 가지 못한다. 바울은 돈을 정죄한 것이 아니요, 돈을 사랑하는 것을 정죄한다. 이 세상의 소유에 대해서는 탐욕이 아니라 자족하는 것이 문제이다. 우리는 가진 것으로 만족해야 하고, 더 탐닉해서는 안 된다. 하나님의 영광을 추구하는 한, 물질을 더 구하는 것은 꼭 잘못되었다고 할 필요는 없다. 물질적 번영이 다른 모든 것보다 우선시될 때가 문제이다.

신자들은 이 세상에서의 소유가 아니라, 장차 올 세상에서의 소유에 초점을 맞추어야 한다

신자들은 지금 살고 있는 곳이나 지금 처한 환경에 초점을 맞추어서는 안 된다. 성경은 우리가 장차 어디에서 살 것인가, 그리고 누구와 살 것인가에 초점을 맞추고 있다. 예를 들면, 요한복음 14장에서 제자들은 그리스도께서 떠나시는 것을 슬퍼하고 있었다. 그리스도는 그들을 위로하시며 "너희는 마음에 근심하지 말라 하나님을 믿으니 또 나를 믿으라 내 아버지 집에 거할 곳이 많도다 그렇지 않으면 너희에게 일렀으리라 내가 너희를 위하여 처소를 예비하러 가노니"1-2절라고 말씀하신다. 천국은 왜 놀라운 곳인가? 그리스도가 계신 곳이기 때문이다.

"가서 너희를 위하여 처소를 예비하면 내가 다시 와서 너희를 내게로 영접하여 나 있는 곳에 너희도 있게 하리라"3절.

천국은 그리스도께서 친히 계신 곳이므로 낙원이다.

우리는 천국 시민이며, 사실 이 세상에서는 "나그네"벧전 2:11이다. 그러므로 물질적인 것이 아니라 영적인 것에, 일시적인 것이 아니라 영원한 것에 초점을 맞추어야 한다. "그러므로 너희가 그리스도와 함께 다시 살리심을 받았으면 위엣 것을 찾으라 거기는 그리스도께서 하나님 우편에 앉아 계시느니라 위엣 것을 생각하고 땅엣 것을 생각지 말라"골 3:1-2.

우리는 하나님께 아무것도 구할 권리가 없다

하나님은 경이롭고 전능하고 엄위하신 분이다. 아무도 그분 위에 있을 수 없다. 우리는 누구나 다 그분께 직고해야 하며, 직고하게 될 것이다. 언젠가 그날이 오면 "하늘에 있는 자들과 땅에 있는 자들과 땅 아래 있는 자들로 모든 무릎을 예수의 이름에 꿇게 하시고 모든 입으로 예수 그리스도를 주라 시인하여 하나님 아버지께 영광을 돌리게"빌 2:10-11 될 것이다.

우리는 그분의 손으로부터 선한 것을 기대할 자격이 전혀 없다. 우리가 마땅히 받아야 할 정죄로부터 지켜주시는 것은 사실 그분의 자비이며, 그분의 은혜는 우리가 감당치 못할 것을 베풀어주신다. 우리는 상한 심령으로 "사람이 무엇이관대 주께서 저를 생각하시나이까"라고 부르짖어야 할 것이다시 8:4. 우리의 호흡, 건강, 집, 직업, 자동차, 친구, 돈, 음식 등은 모두 하나님이 선하시다는 증표이다. 우리는 전혀 자격이 없으며, 모든 것은 그분의 은덕이다.

온전한 신자라면 하나님께 아무것도 요구한 예가 없다는 것을 성경은 말하고 있다. 사람들은 하나님의 방법에 의문을 품고 갈등할 수 있다. 하박국 선지자가 그랬다. 그는 하나님께 "어찌 의로우신 하나님이 바빌론 같은 악한 나라를 사용하시어 택하신 백성을 벌하시나이까"라고 물었다. 또 어떤 사람들은 하나님께 병을 치유해 달라고 기도했다. 바울이 그랬다. 그는 에바브로디도의 병 치유를 위해 기도했다. "저가 병들어 죽게 되었으나 하나님이 저를 긍휼히 여기셨고 저뿐 아니라 또 나를 긍휼히 여기사 내 근심 위에 근심을 면하게 하셨느니라"빌 2:27.

물질적 필요를 위해 하나님께 간구하는 것은 옳은가? 옳다. 사실 그리스도는 이를 권장하면서 제자들에게 이렇게 기도하라고 가르치셨다.

"오늘날 우리에게 일용할 양식을 주옵시고"마 6:11. 그러나 하나님께 무엇이든지 다 요구할 수 있는 것은 아니다. 우리는 좋은 하나님께 좋은 것을 바랄 수 있으나, "하나님, 이렇게 하셔야 합니다!" 하는 태도를 취할 수는 없다. 우리는 자격 없는 아이가 너그러우신 아버지께 구하는 태도를 가져야 한다. 하나님의 거룩하심을 훼손시키는 행동은 모두, 우리의 자격 없음을 부인하는 셈이다.

결론

성경은 복음을 건강이나 재정적인 부요와 결코 연결시키지 않는다. 그리스도를 의지하는 사람이라도 궁핍할 수도, 병으로 죽어갈 수도 있다. 신자는 이 땅에서 소유한 것, 소유하고 싶은 것에 기대를 걸고 사는 것이 아니다. 그런 기대는 불확실할딤전 6:17 뿐이다. 우리의 소망은 장차 올 세상에서 약속된 것에 있다.

> **하나님**은 건강이나 부를 약속하시지 않는다. 성경은 우리가 그리스도 안에서 누구이며, 장차 올 세상에서 무엇을 바랄 것인가를 말해 주고 있다.

구원받으려면 전부를 바쳐야 한다. 하나님은 일부는 받지 않으신다.

양자택일-전부가 아니면 아예 갖지 않는다.

어떤 사람은 "중간 지점에서 하나님을 만날 수는 없다. 그리스도께로 나오려면-구원받으려면, 완전히 항복해야 한다. 우리가 진정으로 하나님과 교제하고 싶어하면, 하나님은 받아주신다. 하지만 하나님께 삶 전부를 드리지 않는다면, 하나님은 아예 받지 않으신다."라고 말한다.

언뜻 듣기에는 이 말이 의미가 있는 것 같지만, 결코 그렇지 않다. 그렇다면 무슨 문제가 있는 것인가? 왜 이것이 오해인가?

이를 뒷받침하기 위해 어떤 성경 구절이 사용되었는가?

마태복음 6:24

한 사람이 두 주인을 섬기지 못할 것이니 혹 이를 미워하며 저를 사랑하거나 혹 이를 중히 여기며 저를 경히 여김이라.

이 오해를 뒷받침하기 위해 이 구절만 인용하는데, 계속해서 "너희가 하나님과 재물을 겸하여 섬기지 못하느니라"까지 읽어야 한다. 이 구절은 구원이 아니라, 염려에 관한 말씀이다. 사람들은 돈으로 모든 염려를 해결할 수 있다고 생각하기 때문에, 예수님은 돈이 주인이 되게 하는 것은 위험하다고 경고하신다. 이 말씀은 제자로서 그를 따르려는 사람들에게 진리를 가르치는 상황에서 전하신 것이다. 그리스도를 따르려면 하나님을 섬겨야지 돈을 섬겨서는 안 된다.

마가복음 10:17-22

예수께서 길에 나가실새 한 사람이 달려와서 꿇어 앉아 묻자오되 선한 선생님이여 내가 무엇을 하여야 영생을 얻으리이까 예수께서 이르시되 네가 어찌하여 나를 선하다 일컫느냐 하나님 한 분 외에는 선한 이가 없느니라 네가 계명을 아나니 살인하지 말라, 간음하지 말라, 도적질하지 말라, 거짓 증거하지 말라, 속여 취하지 말라, 네 부모를 공경하라 하였느니라 여짜오되 선생님이여 이것은 내가 어려서부터 다 지키었나이다 예수께서 그를 보시고 사랑하사 가라사대 네게 오히려 한 가지 부족한 것이 있으니 가서 네 있는 것을 다 팔아 가난한 자들을 주라 그리하면 하늘에서 보화가 네게 있으리라 그리고 와서 나를 좇으라 하시니 그 사람은 재물이 많은 고로 이 말씀을 인하여 슬픈 기색을 띠고 근심하며 가니라.

이 젊은 부자의 질문에서 요점은 분명하다. "내가 무엇을 하여야 영생을 얻으리이까?" 이에 대한 그리스도의 대답도 분명하다. 이 사람이 영생을 얻는 길에 장애가 되는 것은 여러 가지가 아니라 오직 한 가지이다. 그러나 이 젊은 부자에게는 그 한 가지가 모든 것을 포기하는 것과 맞먹는 것이었다. "가서 네 있는 것을 다 팔아 구제하라."

이 젊은이의 질문을 살펴보자.

"내가 무엇을 하여야 영생을 얻으리이까?"

여기서 '얻는다'라는 유대인들의 표현은 영생을 얻기 위해 어떤 조건을 충족시켜야 한다는 뜻이다. 이 청년을 만나기 전에 예수님은 "누구든지 하나님의 나라를 어린아이와 같이 받들지 않는 자는 결단코 들어가지 못하리라"15절고 강조하셨다. 당시 보통 유대인들은 "주께서 그 사랑하시는 자를 부유하게 하신다."고 생각했다. 여기서 부유하다는 것은 하나님의 복을 의미하는 것으로 이해되었다. 부의 축복을 가지고도 천국에 들어갈 수 없다는 것을 알게 된 청년은 혼란에 빠졌다. 예수님은 제자들에게 "재물이 있는 자는 하나님의 나라에 들어가기가 심히 어렵도다" 23절라고 말씀하셨다.

예수님은 이 젊은이의 마음을 알고 계셨다. 부에 대한 사랑이 천국 가는 길을 막을 정도라면, 신자가 되어도 부가 장애가 되어 그리스도를 따르지 못할 것이다. 자신의 의를 떨쳐버리고 잘못된 태도를 깨닫게 하려고 그리스도는 제자도의 엄중함을 말씀하셨다. "가서 네 있는 것을 다 팔아 가난한 자들을 주라 그리하면 하늘에서 보화가 네게 있으리라 그리고 와서 나를 좇으라." 그 젊은이는 슬픈 기색을 띠고 떠나갔다.

이 구절은 "그리스도께로 나오려면, 전부 다 바쳐야 한다. 주님은 일부는 받지 않으신다."는 의미가 아니라, 한 특정 젊은이가 갈등하는 우선 순위에 대한 교훈이다. 이 청년은 천국에 가기 위하여 부가 아니라 그리스도를 의지해야 했다. 청년이 그리스도께로 가는 길을 막은 부는, 그가 그리스도인이 된 다음에는 제자가 되는 길도 막을 것이었기 때문이다.

누가복음 14:26-27

무릇 내게 오는 자가 자기 부모와 처자와 형제와 자매와 및 자기 목숨까지 미워하지 아니하면 능히 나의 제자가 되지 못하고 누구든지 자기 십자가를 지고 나를 좇지 않는 자도 능히 나의 제자가 되지 못하리라.

그리스도의 제자가 되려면, 삶의 주인된 권리를 포기해야 한다. 그리스도를 사랑하는 열정이 너무 강해, 이에 비하면 자신을 사랑하는 것을 포함하여 다른 모든 것에 대한 사랑은 미움 정도로까지 비친다는 말이다. 우리는 그리스도 때문에 조롱, 고통, 필요하다면 죽음까지도 기꺼이 감수해야 한다. 그리스도의 말씀은 조금도 협상의 여지가 없다. "누구든지 자기 십자가를 지고 나를 좇지 않는 자도 능히 나의 제자가 되지 못하리라."

제자란 단어가 본문에서 두 번 사용된 것을 주목하라. 그리스도는 구원이 아니라 제자도에 관해 말씀하고 계신다. 제자란 "배우는 사람"이란 뜻이라고 앞에서 배웠다.

하나님은 우리가 죄인으로 그분 앞에 나와서, 그리스도가 우리를 위해 죽으시고, 다시 사신 사실을 믿고, 오직 그를 의지하여 구원받기를 원하신다. 그를 의지하는 순간, 우리는 영원히 그의 소유가 된다. 주님은 이렇게 약속하셨다. "내가 진실로 진실로 너희에게 이르노니 내 말을 듣고 또 나 보내신 이를 믿는 자는 영생을 얻었고 심판에 이르지 아니하나니 사망에서 생명으로 옮겼느니라" 요 5:24. 하나님의 자녀 된 우리들은 제자로 초청을 받았고, 주님을 따르며 그분에 대해 더 배워야 한다. 구원이란 선물처럼 그냥 받는 것이지만, 제자도는 대가를 지불해야 하는 것이다.

이 대가에 대해 주님은 두 가지 비유를 말씀하셨다.

"너희 중에 누가 망대를 세우고자 할진대 자기의 가진 것이 준공하기까지에 족할는지 먼저 앉아 그 비용을 예산하지 아니하겠느냐……또 어느 임금이 다른 임금과 싸우러 갈 때에 먼저 앉아 일만으로서 저 이만을 가지고 오는 자를 대적할 수 있을까 헤아리지 아니하겠느냐" 눅 14:28, 31.

한마디로, "내 제자가 되려면, 그 대가를 미리 생각해 보라."는 것이다.

제자가 되려면 그리스도께서 마음대로 하실 수 있도록 완전히 자신을 맡겨야 한다. 다시 말하지만, 제자도는 구원과는 다르다. 이 두 단어는 동의어가 아니다. 구원은 값없이 받는 것이지만, 제자도는 대가가 필요하다. 하지만 상급이 약속되어 있다. "또 누구든지 제자의 이름으로 이 소자 중 하나에게 냉수 한 그릇이라도 주는 자는 내가 진실로 너희에게 이르노니 그 사람이 결단코 상을 잃지 아니하리라" 마 10:42.

지금까지 살펴본 세 성경 구절에 대한 오해만이 문제가 아니다. 구원 메시지의 핵심이 되는 진리를 사람들은 간과한다.

구원은 우리 공로가 아니라, 그리스도의 공적으로 받는 것이다

왜 많은 사람들이 단순한 구원의 메시지를 놓치는가? 사람들은 이 세상에서 현재 소유하고 있는 것을 얻기 위해 수고를 했다. 그래서 구원받기 위해서도 열심히 수고해야 한다고 생각한다. 이런 생각 때문에 현재와 미래의 공로를 중요하게 여기게 된다. 그들은 선행이 악행보다 많아야 한다고 생각하며, 그렇지 않으면 영생을 얻을 수 없다고 생각한다.

구원의 도구는 그리스도이시지 내가 아니며, 그의 공로이지 나의 행위가 아니다. 또한 구원은 이미 일어난 것이지 장래 일어날 것이 아니다. 하나님께서 우리가 하나님을 위해 무엇을 하기를 바라시는지에 초점을 맞추라는 것이 아니다. 그리스도는 그가 우리를 위해 이미 이루신 것을 믿기만을 간절히 원하신다. 복음은 그가 이루신 일, 곧 우리 죗값을 대신 치르신 것에 초점을 맞춘다. 어떻게? 완전하신 사람으로서 그는 우리의 죄를 대신 담당하셨고, 그 희생은 항상, 모든 사람의 죗값을 치르기에 넉넉하다. 그러므로 삶을 주께 드림으로 구원받은 것이 아니라, 나를 위해 버리신 그분의 생명으로 인해 구원받은 것이다. 그는 우리 대신 죽으시면서 "다 이루었다"요 19:30고 선포하실 수 있었다. 사실, 자신의 생명을 바친 그 희생은 너무나 완전하여, 성경은 "오직 그리스도는 죄를 위하여 한 영원한 제사를 드리시고 하나님 우편에 앉으사"히 10:12라고 했다.

구원은 선물이지, 하나님과 흥정하는 것이 아니다

하나님은 구원의 선물을 주시면서 조건을 달지 않으셨다. 구원이란 경매장에 하나님이 나타나셔서 "이것을 주면 너는 무엇을 해주겠느냐?"라는 식으로 받을 사람을 고르는 것이 아니다. 구원은 성경에서 선물이라고 한 그대로이다. "너희가 그 은혜를 인하여 믿음으로 말미암아 구원을 얻었나니 이것이 너희에게서 난 것이 아니요 하나님의 선물이라 행위에서 난 것이 아니니 이는 누구든지 자랑치 못하게 함이니라"엡 2:8-9. 그리스도는 "네가 나를 위해 이렇게 하면, 나는 너를 위해 이렇게 해주마."라고 말하지 않는다. 하나님은 "보라, 내가 네게 무슨 일을 했느냐? 내 아들이 너를 위해 대신 죽고 다시 살아났다. 네 대신 피를 흘렸다. 이 피 값으로 산 영생을 네게 선물로 줄 테니 받겠느냐?"라고 말씀하신다.

수고하여 받은 것이라면 선물이 아니다. 선물에는 아무 조건이 붙지 않아야 한다. 그러므로 우리는 그리스도의 공로와 나의 선행을 합쳐 구원받은 것이 아니라, 오직 그리스도만으로 구원받은 것이다. 하나님과 흥정하려 한다면, 하나님 앞에서 의롭다 함을 받은 것이 아니다. 그리스도만이 구원하실 수 있다는 믿음만으로 우리는 의롭다 함을 받았다.

우리 내외가 보스턴으로 휴가를 가는데, 비행기 좌석이 꽉 차서 떨어져 앉게 되었다. 그것은 하나님의 계획이었다. 내 옆 자리에 앉은 남자는 아주 사교적인 사람으로 이야기를 못해 안달이었다. 내가 사역자라고 하자, 그는 자기도 댈러스의 아주 큰 복음주의 교회에서 중등부를 지도했다고 했다. 어떻게 그런 이야기를 하게 되었는지는 알 수 없으나, 하여튼 나는 간단한 하나님의 구원 계획을 설명했다. 그는 놀라고 흥분해서 이렇게 말했다.

"저는 그리스도께서 우리를 위해 돌아가셨다는 이야기는 항상 들었지만, 오직 그분만으로 구원받는다는 사실은 미처 깨닫지 못했습니다."

그는 구원받으려면 하나님과 흥정이 필요하고, 주일학교에서 교사로 봉사하면 하나님이 천국에 들여보내 주실 것이라고 생각했다. 그날 10,000km 상공에서 그는 그리스도를 온전히 의지했다.

복음의 메시지는 이렇게 간단한데, 아직 수억의 사람들이 제대로 이해하지 못하고 있다. 구원이란 이미 값을 치른 선물을 받는 것이지, 하나님과 흥정하는 것이 아니다.

삶을 드리는 것은, 그리스도께서 새 생명을 주신 것에 대한 감사의 표시이다

그리스도께 나아오면서, 자신의 모든 것을 다 드리겠노라고 하는 것이 가능할까? 물론이다. 우리는 구원이 필요한 죄인이라는 것을 인정하는 것이 문제이지, 삶을 헌신하는 것은 문제가 아니다. 십자가에 못 박히기 조금 전에 예수님은, "내 아버지여 만일 할 만하시거든 이 잔을 내게서 지나가게 하옵소서 그러나 나의 원대로 마옵시고 아버지의 원대로 하옵소서"마 26:39라고 기도드렸다. 그리스도는 하나님의 뜻에 복종했고, 그 복종으로 우리의 구원을 이루셨다. 우리 삶을 헌신하여 구원을 이룬 것이 아니다.

그리스도를 의지하는 사람은 누구나 그를 기쁘시게 하기를 원한다. 그래서 하나님이 기뻐하시는 대로 사용하시도록 우리 삶을 즐겁게 드리고자 한다. 그러나 "우리의 모든 것을 드리는 것"은 성장과 훈련의 영역이다. 내 삶을 희생으로 드리는 것은, 그분이 나를 위해 희생하신 것에 대한 반응이다.

로마서 1-11장에서 바울은 유대인이나 이방인이나 똑같이 믿음으로 가장 큰 선물을 받았는데, 그것은 그리스도께서 나누어주신 의로움이라고 설명한다. 그러므로 우리는 하나님 앞에 100% 의로운 사람으로 설 수 있게 되었다.

이것을 염두에 두고 바울은, "그러므로 형제들아 내가 하나님의 모든 자비하심으로 너희를 권하노니 너희 몸을 하나님이 기뻐하시는 거룩한 산 제사로 드리라 이는 너희의 드릴 영적 예배니라 너희는 이 세대를 본받지 말고 오직 마음을 새롭게 함으로 변화를 받아 하나님의 선하시고 기뻐하시고 온전하신 뜻이 무엇인지 분별하도록 하라"롬 12:1-2고 권고한다.

구약의 죽음을 당하는 희생제물과는 대조적으로, 우리는 살아 있는 희생제물로서 하나님을 기쁘시게 하는 구별된 존재들이다. 우리는 이 세상과 하나 되는 것이 아니라, 하나님의 뜻과 하나 되어야 한다. 마음의 변화를 받아 하나님께서 나의 태도와, 생각과, 행동을 주장하시도록 해야 한다. 이렇게 될 때, 비로소 "하나님의 선하시고 기뻐하시고 온전하신 뜻"을 발견하게 된다. 자신을 주님께 드리는 것이 가장 즐겁고 생산적인 삶을 사는 길이다.

나는 십대가 되면서 일찍이 그리스도를 의지했으나, 수년 후에야 내 삶을 드렸다. 그 이유를 들으면 모두 웃겠지만, 내게는 심각한 문제였다. 나는 바깥에서 놀기를 좋아했고, 특히 운동이나 사냥을 즐겼다. 하나님은 나의 활동성을 이용해 나를 그리스도께로 인도했다.

나는 자연을 생각할 때마다 반드시 하나님이 계셔야 한다고 생각했다. 왜 수꿩은 볏이 붉은색, 검은색, 초록색으로 선명하게 빛나는데, 암꿩은 그냥 밋밋한 갈색인가? 나는 흙이 묻고 투박하고 울퉁불퉁한 나무 껍질, 검은 하늘에 하얗게 반짝이는 별들을 보며 감탄했다. 날렵한 사슴의 달음질과, 엉금엉금 기는 거북을 보며 하나님의 창조의 손길에 놀라워했다. 왜 다람쥐는 나무를 기어올라 숨고, 토끼는 나무 아래 섶에 숨는가? 나는 소나기 뒤의 상쾌함을 즐겼으며, 집 주위를 구비구비 돌아 흘러내리는 시내를 바라보며 즐거워했다. 숲속 샘에서 솟아나는 맑은 물은 너무나 깨끗하고 차가워, 마시면 정신이 번쩍 들었다.

나는 이 모든 것들을 보면서 감탄했다. 그러나 늘 공허했다. 그래서 성경을 공부하기 시작했고, 그 시간을 통해 그리스도께로 나왔다. 하나님은 창조 세계를 통해 창조자를 알려 주시고, 나를 그리스도께로 인도하신 것이다.

물론 나는 하나님과 영원히 함께 있을 것을 알았지만, 내 모든 삶을 그분께 드리기를 원하는지에 대해서는 확신이 없었다. 자신을 전적으로 드린다는 것은 고통이지 즐거운 일로 보이지는 않았다. 그렇게 하면 하나님은 내가 좋아하는 모든 것들을 허락하시지 않을 것이라고 생각했다. 사실 하나님께서 이제부터는 사냥을 금하시리라는 생각이 들었다.

나는 내가 정말 좋아하는 그 한 가지를 빼앗길까봐 두려웠다. 결국 항복과 희생은 같은 말 아니겠는가? 그래서 나는 하나님과 흥정하기로 했다. 하나님은 1년 중 10개월을, 나는 2개월을 갖는 것으로 말이다. 좀 불공평한 듯했지만, 나는 2개월 동안 사냥을 하기로 했다.

그러던 어느 날 밤, 성경학교에서 제자도에 대한 노래 테이프를 들었다. 지금도 그 노래가 생생하다.

주님, 저를 사용하소서.
오, 주님, 저를 거절하지 마소서.
분명 제가 할 수 있는 일이 있을 테니
그 일이 아무리 천할지라도
제 뜻을 다 버리게 하시고,
대가가 아무리 크더라도
제가 주를 위해 그 일을 하겠나이다.[1]

나는 이 노래의 곡조는 좋아했지만, 가사는 무시하곤 했다. 이 때쯤에는, 그리스도인이 된 지 수년이 지난 후였고, 그리스도께서 나를 위해 무엇을 하셨는지 이해하고 있었다. 그러나 바로 그날 밤 이 여러 말씀들을 생각했고, 마치 예수님이 바로 앞에서 이렇게 말씀하시는 듯했다.

"래리, 너는 말로만 나를 따르는구나!"

그날 밤 나는 "주님, 제 인생은 완전히 당신 것입니다!"라고 고백했다. 그 순간은 내 인생에서 가장 큰 모험이 시작되는 순간이었다. 그 후의 삶은 상상하지도 못했던 신나는 것이었다. 어떤 희생이라도 할 만한 가치가 있었다. 잃은 것은 없고 얻기만 했다. 그러나 더욱 감사한 것은, 주님이 나를 구원하셨을 때 나는 모든 것을 주께 드릴 준비가 안 된 사람이었다는 것이다. 내가 그리스도를 의지한 순간, 주님은 내 생명이 아니라 그

---

1. Jack and Billy Campbell, "Jesus Use Me." 1956, 1963 G.P.H. Assigned 1997 to The Lorenz Corporation. All rights reserved. International copyright secured.

분의 생명에 기초한 영생을 주셨다. 수년이 지난 후에야 나는 헌신의 기쁨을 발견하게 되었다.

내 생명을 드리는 것은 그분께서 자신의 생명을 주신 것에 대한 나의 반응이다. 그것은 구원의 조건이 아니라, 구원에 대한 반응이다. 그런 헌신을 하지 않았다고 해도 영생은 여전히 우리의 것이다. 그러나 헌신하지 않은 신자는 헌신된 삶에서 발견되는 현재의 기쁨과 장래의 상급을 잃고 사는 것이다. 헌신이란 하나님께 이렇게 고백하는 것과 같다.

"주님이 생명을 주셨으니, 저도 감사의 표시로 제 생명을 드립니다!"

결론

하나님께서는 우리의 삶 전부를 원하시는가? 그렇다. 그분은 우리가 구원받은 후 제자가 되기를 원하신다. 그러나 하나님은 우리가 하나님께 약속한 것에 근거하여 구원을 베푸시는 것이 아니다. 오직 하나님이 우리를 위해 하신 일에 근거해서 구원을 주셨다. 곧 그리스도께서 십자가에서 죽으셨고, 우리는 그의 죽으심으로 인해 영생을 얻었다. 죄인인 우리는 그리스도의 공로로 하나님께 용납된 것이지, 우리 삶으로 무엇을 하겠다는 계획 때문에 용납된 것이 아니다.

> **주님**께 굴복하는 것은 구원의 문제가 아니라 제자도의 문제이다. 우리가 하나님께 용납된 것은, 십자가 위에서 그리스도께서 이루신 공적 때문이지, 우리 삶으로 무엇을 하겠다는 계획 때문이 아니다.

오해 17 MISCONCEPTION

선택받은 사람은 결국 구원받는다. 굳이 전도할 필요가 없다.

그 사람은 조금도 주저하지 않고 말했다.

"내가 전도를 안 하는 이유는 성경에서 말하는 하나님의 선택을 강하게 믿기 때문입니다. 하나님께서는 누구든지 원하는 사람을 구원하실 것이며, 나의 도움은 필요하지 않습니다."

하나님은 주권자이신가? 소위 "너희를 택하심을 아노라"살전 1:4는 말씀은 전도에서 우리의 도움이 필요하지 않다는 뜻인가?

"택하심"이라는 성경의 가르침을 들어 전도를 안 하는 핑계를 대는 것은 성경적이지 않다. 그 사람들이 주장하는 두 가지 사실이 눈길을 끈다.

첫째, 하나님은 주권자이시다.

둘째, 하나님은 종말만 예정하시는 것이 아니라, 그 과정과 방법도 결정하신다.

하나님은 주권자시다

구원에 관한 하나님의 주권을 가장 강하게 표현한 구절은 에베소서 1:3-5이다.

> 찬송하리로다 하나님 곧 우리 주 예수 그리스도의 아버지께서 그리스도 안에서 하늘에 속한 모든 신령한 복으로 우리에게 복 주시되 곧 창세 전에 그리스도 안에서 우리를 택하사 우리로 사랑 안에서 그 앞에 거룩하고 흠이 없게 하시려고 그 기쁘신 뜻대로 우리를 예정하사 예수 그리스도로 말미암아 자기의 아들들이 되게 하셨으니.

"우리를 예정하사……자기의 아들들이 되게 하셨으니"와 "그 기쁘신 뜻대로"는 하나님의 통치하심을 분명히 보여 준다.

또한 바울이 데살로니가 교회에 쓴 편지에도 하나님의 주권이 분명히 나타나 있다. 바울은 데살로니가 사람들의 구원에 감사를 표하면서 "이는 너희를 부르사 자기 나라와 영광에 이르게 하시는 하나님께 합당히 행하게 하려 함이니라"살전 2:12고 하고 있다. 바울의 말은 결론적으로 하나님이 그들을 택하셨다는 말이다.

성경은 하나님이 주권을 강조함과 동시에, 선택받은 사람들에 관해 말한다. "그러므로 너희는 하나님의 택하신 거룩하고 사랑하신 자처럼 긍휼과 자비와 겸손과 온유와 오래 참음을 옷 입고"골 3:12.

이와 같이 하나님은 주권적이시고, 성경에서 예정과 선택을 강조한다는 것은 부인할 수 없다. 이 두 가지의 근거는 무엇인가? 로마서 8:28-30은 그분이 모든 것을 미리 아시는 분임을 말하고 있다.

> 우리가 알거니와 하나님을 사랑하는 자 곧 그 뜻대로 부르심을 입은 자

들에게는 모든 것이 합력하여 선을 이루느니라 하나님이 미리 아신 자들로 또한 그 아들의 형상을 본받게 하기 위하여 미리 정하셨으니 이는 그로 많은 형제 중에서 맏아들이 되게 하려 하심이니라 또 미리 정하신 그들을 또한 부르시고 부르신 그들을 또한 의롭다 하시고 의롭다 하신 그들을 또한 영화롭게 하셨느니라.

"미리 아신다"는 것은 장래사를 알고 계신다는 것이다. 하나님께서 무엇을 미리 아시는가? 어떤 사람들은 누가 하나님을 믿고, 누가 믿지 않을지 하나님이 이미 알아, 구원할 사람을 예정하셨다고 주장한다. 그러나 성경은 그렇게 말하지 않는다. 게다가 "누가 그리스도를 믿을 것인지, 믿지 않을 것인지"를 강조하는 것이 "미리 아심"이라면, 이는 주권이 하나님이 아니라 사람에게 있는 것이 된다.

하나님을 대면하여 만나기 전까지는 "그가 미리 아신 자들"이 무엇을 의미하는지 완전히 알 수는 없다.* 하지만 분명한 것은, 그의 미리 아심은 그의 택하심과 연관이 있다는 것이다. 선택받은 자는 "그가 미리 아신 자"이며, 하나님의 자녀로 영원히 선택된 것이다.

하나님이 전도를 주관하신다는 사실을 아는 것은 위안이 된다. 전도하는 사람이 그리스도께 나오지 않는다면, 그 사람의 상태는 궁극적으로 하나님의 손에 달린 것이지 우리 책임이 아니다.

그렇다면 하나님이 주권자이시니, 사람을 그리스도께 인도하여 믿게 하는 데 있어서 인간은 그 책임을 피할 수 있다는 것인가? 아니다. 몇몇 구절이 이를 뒷받침하는데, 그중 하나만으로도 족하다.

"하나님이 그 아들을 세상에 보내신 것은 세상을 심판하려 하심이 아

---

* 좀더 자세한 논의는 본인의 저서를 참조하라. *Free and Clear*, Kregel Publications, 1997.

니요 저로 말미암아 세상이 구원을 받게 하려 하심이라 저를 믿는 자는 심판을 받지 아니하는 것이요 믿지 아니하는 자는 하나님의 독생자의 이름을 믿지 아니하므로 벌써 심판을 받은 것이니라" 요 3:17-18.

왜 불신자들은 심판을 받는가? "하나님의 독생자의 이름을 믿지 아니하므로"라는 구절은 그 사람이 그리스도를 거절했다는 뜻이다. 그렇다. 하나님은 주권자이시지만 각 사람은 영생이라는 하나님의 선물을 받을 수도 있고 거절할 수도 있으며, 이에 대한 책임이 있다.

많은 사람들에게 하나님의 주권과 인간의 자유의지는 서로 모순되는 것처럼 보인다. 그러나 성경은 "조화로운 대립"의 책이다. 겉으로 상반되는 듯한 것들이 사실은 조화를 이룬다. 하나님의 주권과 사람의 자유의지도 마찬가지이다. 하나님은 주권자이시고 어떤 사람을 택해 영원히 함께하시기로 했으나, 각 사람은 영생이라는 하나님의 선물을 받아들여야 하며, 그 결정에 책임을 진다.

하나님의 주권과 인간의 자유의지는 우리 눈에는 상반된 것으로 보이지만, 하나님께서 보시기에는 조화롭다. 주님을 대면하여 볼 때 이런 조화는 분명하게 드러날 것이다. 그때 우리는 인간의 눈이 아니라, 하나님의 안목으로 모든 것을 보게 될 것이다.

하나님은 결과만 예정하신 것이 아니요, 방법도 예정하셨다

선택받은 사람들은 어떻게 구주의 복음을 듣게 되는가? 하나님의 전령사는 사람이다.

그런즉 저희가 믿지 아니하는 이를 어찌 부르리요 듣지도 못한 이를 어찌 믿으리요 전파하는 자가 없이 어찌 들으리요 보내심을 받지 아니하였으면 어찌 전파하리요……그러나 저희가 다 복음을 순종치 아니하였도다 이사야가 가로되 주여 우리의 전하는 바를 누가 믿었나이까 하였으니 그러므로 믿음은 들음에서 나며 들음은 그리스도의 말씀으로 말미암았느니라 롬 10:14-15, 16-17.

믿음은 들은 것에 근거하는데, 아무도 전하지 않으면 어떻게 듣겠는가? 하나님의 방법은 사람이 사람에게 전하는 것이다. 성경에서 예외를 찾는다면, 사도행전 9장에 나오는 바울의 회개일 것이다. 그러나 이 경우에도 논란의 여지가 있는 것은, "사울이 주의 제자들을 대하여 여전히 위협과 살기가 등등하여" 행 9:1라는 구절을 보아, 이전에 제자들의 설교를 들었다고 추측할 수 있다. 그렇지 않고야 아무 연고 없이 제자들을 핍박할 이유가 있겠는가? 결론적으로, 하나님이 사람들에게 다가가는 방법은 거의 예외 없이 사람들을 통하는 것이다.

하나님은 천사를 보내 복음을 퍼뜨리실 수도 있으시고, 자신의 음성으로 온 세상에 복음을 전하실 수도 있다. 그분은 하나님이시고, 전능하신 분이다. 그분은 스스로 방법을 택하실 수 있었고, 사람이 사람에게 전하는 방법을 택하셨다.

사람을 사용하시겠다는 하나님의 결정은 그리스도의 가르침의 처음이자 끝이다. 그리스도께서 제자들에게 가르친 첫 번째 교훈은 "나를 따라오너라 내가 너희로 사람을 낚는 어부가 되게 하리라" 마 4:19였다. 그들은 비린내 나는 생선은 다룰 수 있었지만, 어떻게 사람을 낚는지는 몰랐다. 주님은 그들이 자신을 따르면, 하나님을 위해 사람들을 모으는 데 필요한 모든 것들을 가르쳐 주겠다고 약속하셨다.

그리스도께서 제자들에게 가르치신 마지막 교훈 중 하나는 보통 지상명령이라고 불린다. "너희는 가서 모든 족속으로 제자를 삼아 아버지와 아들과 성령의 이름으로 세례를 주고 내가 너희에게 분부한 모든 것을 가르쳐 지키게 하라 볼지어다 내가 세상 끝 날까지 너희와 항상 함께 있으리라"마 28:19-20. 제자들은 잃어버린 자들을 찾아 복음을 전하고 제자로 삼아, 또 다른 사람들을 찾아나서게 했다. 그들은 작은 호숫가에서 시작하여, 마을로, 도시로, 나라로 말씀을 전할 사명을 받았다.

즉 하나님은 결과가 아니라 방법을 예정하셨는데, 바로 사람이 사람에게 나아가는 것이다. 하지만 이 목적을 이루는 데는 여러 가지 방법이 사용된다. 전도집회 장소에서 도울 수 있고, 전도지를 돌릴 수 있고, 찬양을 하거나 일대일 전도를 할 수도 있으며, 큰 회중 앞에서 복음을 외칠 수도 있다. 어떤 방법이든지 하나님은 사람이 사람에게 나아가는 방법을 예정하셨다.

다음 이야기는 하나님의 방법을 분명히 설명한다.

예수님이 지상 임무를 마치고 하늘에 오르시자 천사들이 물었다.

"임무를 완수하셨습니까?"

"그렇다. 나는 세상의 죗값을 다 치렀다."

"온 세상이 주님의 이야기를 들었습니까?"

"아니, 아직 다 듣지 못했다."

"그렇다면 주님의 계획은 무엇입니까?"

"열두 명의 제자와 나를 따르는 자들을 남겨두어, 그들이 땅 끝까지 메시지를 전하도록 했다."

"만약 이 계획이 성공하지 못한다면, 다음 계획은 무엇입니까?"

"다른 계획은 없다."

다른 계획은 없다. 하나님의 계획은 사람이 사람에게 전하는 것이다.

하나님의 전도 계획을 설명하는 남성들의 모임에서 데이비드라는 사람과 대화를 나누게 되었다. 그의 장인은 "질문하나 할까요?"라는 전도지를 통해 그리스도께 나왔다고 했다. 그는 처음 이 푸른색 전도지로 장인과 이야기했을 때에는, 그 전도지의 능력을 미처 알지 못했다. 장인이 감명을 받았는지도 알 수 없었다. 그러고 나서 몇 개월이 지난 어느 날, 장인이 사위의 차를 타게 되었는데, 바닥에 이 전도지가 떨어져 있었다. 장인은 전도지를 집어 들고 큰 소리로 읽었다.

"지금까지 누군가 당신에게 성경을 보여 주면서 천국에 갈 확신을 어떻게 갖는지 이야기해 준 일이 있습니까?"

운전대에 앉아 있는 사위를 향해 미소를 띠며 장인은 이렇게 말했다.

"그럼, 내 사위는 그렇게 했지."

알고 보니 장인은 사위가 예전에 전한 복음을 듣고 얼마 되지 않아 그리스도께 자신을 의탁한 것이었다. 그는 이제 분명히 자신이 천국에 갈 것을 알고 있었다. 그 소식을 들은 데이비드의 아내는 눈물을 흘리며 기뻐했다. 그리고 몇 달 후에 장인은 세상을 떠났다.

하나님이 주권자이시라는 것은 논란의 여지가 없다. 또한 하나님이 결과도, 그 과정과 방법도 예정하셨다는 것 역시 논란의 여지가 없다. 그러나 하나님의 주권을 빙자하여 전도를 게을리 하는 것은 잘못이다. 한 가지 더 강조할 것이 있다.

영원에 대한 성경적 개념을 가진 사람은 불신자들에게 전도하기를 원한다

성경은 인생을 천국으로부터 시작해 거꾸로 살라고 권한다. 주님 앞에 서 있는 자신의 모습을 상상하라. 그 순간 내 일생의 가장 중요한 것이 무엇일까? 그 가장 중요한 일을 지금 실행하라. 그렇게 한다면, 이 다음에 정말 그리스도 앞에 설 때에 후회가 없을 것이다.

영원의 차원에서 볼 때 가장 중요한 것은 사람이다. 전도에 관해 성경적 관점을 가진 사람들은 잃어버린 자들에게 가기를 원할 것이다. 그들은 정말 중요한 것을 위해 살기 원할 것이다. 하나님께서 그들을 사용하여 천국을 가득 채우기 원하신다는 사실을 정말 기뻐할 것이다. 그들은 "하나님은 나의 도움이 필요하지 않으셔."라고 하지 않고, "하나님이 나를 원하시니 기쁘구나."라며 즐거워한다.

샌디는 우리 사무실에서 몇 년을 봉사한 밝은 여성이다. 그녀는 우리와 함께 지내면서 잃어버린 자들에 대한 관심이 점점 자라났다. 하루는 퇴근 길 버스 안에서 그녀가 영적인 책을 읽는 것을 본 한 남자가 물었다.

"그리스도인이신가요?"

"네, 왜 그러시나요?"

"저는 그리스도인들에게 불만이 한 가지 있습니다."

샌디는 수줍음이 많았기에, 남자가 무슨 말을 할까 두렵기도 하고 아마 가슴도 두근거렸을 것이다. 그녀는 숨을 깊이 들이마시고 물었다.

"그게 뭔데요?"

"그리스도인들은 어떻게 천국 가는지는 절대 이야기해 주지 않아요."

"제가 이야기해 드릴게요."

샌디는 바로 성경을 꺼내 그 사람을 그리스도께로 인도했다. 그녀는 잃어버린 자들에게 다가가기를 원했고, 하나님은 그녀를 그렇게 인도해 주셨다. 하나님은 주권적으로 샌디와 그 남자를 한 버스에 태우셨고, 샌디는 하나님의 뜻에 순종하여 하나님의 구원의 계획을 나누었다.

댈러스 신학교를 세운 체이퍼 박사는 전도를 위한 기도에 대해 「진정한 전도」에서 이렇게 썼다.

"이와 같이 성경에서, 또 우리 경험을 통해서 밝혀진 것은, 하나님은 우리를 높이셔서 인간을 변화시키는 위대한 계획에 하나님과 협력하도록, 동반자가 되도록 하셨다는 것이다."[1]

결론

"나는 주권자 하나님이므로 내가 선택한 사람은 내가 구원한다. 인간의 도움은 전혀 필요없다."라는 가르침은 오해이다. 하나님은 주권자이시므로 결과를 예정하셨다는 사실은 우리가 전도할 때 오히려 큰 위안이 된다. 그러니까 결과는 하나님의 손에 있다. 그러나 하나님은 그 방법 또한 예정하셨는데, 바로 사람이 사람에게 나아간다는 것이다. 전도에 있어서 자신의 책임을 게을리 한다는 것은 하나님께서 주신 책임을 등한시하는 것과 같다. 하나님은 믿지 않는 사람들이 그리스도께 나아오기를 원하신다. 하나님은 모든 제자들이 하나님의 도구가 되어 사람들에게 나아가도록 예정하셨다.

> **하나님**은 주권자이시다. 그분이 선택한 사람은 그분에게로 나아올 것이다. 하나님은 또한 그들에게 어떻게 다가갈 것인지도 정하셨는데, 바로 하나님의 백성을 통해서이다.

---

1. Lewis Sperry Chafer, *True Evangelism* (Grand Rapids, Mich.: Dunham Publishing, 1919), 89.

이단에게 전도하려면, 그 종교에 대해 알아야 한다.

"딸이 제칠일안식일예수재림교도와 결혼했어요. 안식교에 대해 알아야 사위에게 전도할 방법을 찾을 수 있을 것 같아요. 좀 알려 주세요."

"몰몬교도에게 복음을 전하고 있는데요, 계속 몰몬경을 가져오는군요. 그 책을 제가 좀 읽어야 대화가 될 텐데, 어디서 구할 수 있지요?"

"여호와의 증인에 대한 좋은 책 한 권 추천해 주세요. 요즘 여호와의 증인을 만나고 있는데, 그 사람이 도대체 무엇을 믿는지 알아야겠어요."

"9. 11. 테러 사건 이후 우리는 회교도가 무엇을 믿는지 전혀 몰랐다는 사실을 깨달았어요. 회교도에 대해 가르치는 곳이 있으면 배워서 더 효과적인 증거를 하고 싶어요."

아마 이런 말을 많이 들었을 것이다. 이런 사람들은 "다른 종교를 믿는 사람에게 전도하려면, 그 종교에 대해 알아야 한다."고 생각한다.

왜 이것이 오해인가? 이 문제를 논하기 전에 먼저 두 가지 질문을 생각해 보자.

이단이란 무엇인가?

이단이란 기독교의 중심 교리를 따르지 않는 사람들이나 신앙조직체를 말한다. 그들은 예수 그리스도가 아닌 다른 창시자, 지도자 또는 영원한 구원의 길을 좇는다.

이런 정의를 염두에 두고 보면 대부분의 이단의 특징을 아는 데 도움이 된다. 이단의 오류는 다음과 같다.

- 이단은 구원이 인간의 장점과 선행에 근거한다고 가르친다. 그러나 성경에서는 "구원은 거저 얻는 것"이라고 가르친다 엡 2:8-9.
- 이단은 구원의 확신을 부인한다. 그러나 성경은 예수 그리스도를 천국 가는 유일한 길로 믿으면 구원을 확신할 수 있다고 가르친다 요일 5:13.
- 이단은 자기들이 세운 지도자를 메시아라고 하지만, 성경은 그리스도만이 메시아라고 가르친다 요 4:25-26.
- 이단은 성경이 영감으로 기록된 것을 부인하며, 성경 외에 다른 계시가 더 있다고 주장한다. 그러나 성경은, 하나님의 말씀은 영감으로 기록되었고(하나님이 영감을 불어넣으셨다는 의미) 오류가 없다고 가르친다 딤후 3:14-16; 벧후 1:20-21.
- 어떤 이단은 하나님이 아직도 계시를 주신다고 믿지만, 성경은 이미 모든 계시가 그 아들을 통해 주어졌다고 말한다 히 1:2.
- 이단은 예수 그리스도의 신성을 부인한다. 하지만 성경은 예수님 스스로 주장하신 대로 하나님이 성육신하신 분이라고 가르친다 요 14:7, 20:24-29.

- 이단은 사람들을 노예로 만들어 간다. 하지만 성경은 그리스도 안의 자유를 가르친다요 8:36, 10:10. 우리는 "다시는 종의 멍에를 메지 않아야" 한다갈 5:1.

이단을 집안에 들이는 것은 잘못인가?

"누구든지 이 교훈을 가지지 않고 너희에게 나아가거든 그를 집에 들이지도 말고 인사도 말라 그에게 인사하는 자는 그 악한 일에 참예하는 자임이니라"요이 10-11절.

이 구절에 근거해서 "이단을 집에 들이는 것은 성경의 교훈에 위배되는 것이 아닌가?"라고 묻는 사람이 있을 수도 있다.

요한의 시대에는 여기저기 떠돌아다니며 설교하는 사람들을 흔히 볼 수 있었는데, 물론 그들이 묵을 여관 같은 곳은 없었다. 그러므로 이런 떠돌이 순회 설교자들에게는 소위 "잠자리와 아침식사"를 제공해 줄 사람이 필요했다. 누군가가 이런 호의를 베풀면 순회 설교자는 힘이 났다. 그러므로 이단 사상을 전하는 사람에게 이런 호의를 베푸는 것은 마치 "그릇된 교리를 전하는 일을 도와주겠습니다."라고 하는 격이었다. 요한은 이런 일을 금하면서, 그 사람에게 인사도 하지 말라고 하는 것이다. "만나서 반갑습니다."라거나 "모든 일이 잘되기를 기원합니다."라는 인사는 합당치 않다는 것이다.

그러나 지금은 상황이 다르다. 이단을 집에 들인다고 해서 잠자리나 식사를 제공하는 것이 아니다. 이 성경 구절을 오늘날에 적용하자면, 이단을 "환대하고 격려해서는" 안 된다. 그러나 마땅히 행할 바를 그들 앞에서 행한다면, 즉 은혜의 복음을 전한다면, 이단이 집에 머무는 동안 격려를 받는 것이 아니라 의기소침해질 것이다. 그러므로 요한이서의 상황에서 볼 때 우리 집 응접실에서 이단에게 그리스도를 전했다면 결코 성경에 위배되는 것이 아니다.

이제 다시 오해하고 있는 문제로 돌아가자. 이단에게 접근하기 위해 신자들이 반드시 그 종교를 알 필요는 없다. 왜 그런가?

신자는 잘못된 종교가 아니라, 성경을 제대로 알아야 한다

에베소서에서 바울은 하나님이 교회 안의 각 사람에게 영적 은사를 주신 이유를 이렇게 설명한다. "이는 우리가 이제부터 어린아이가 되지 아니하여 사람의 궤술과 간사한 유혹에 빠져 모든 교훈의 풍조에 밀려 요동치 않게 하려 함이라"엡 4:14.

은사를 받은 사람에게 성경을 배우면, 이런저런 잘못된 가르침에 쉽게 요동하여 혼돈에 빠지는 영적 어린아이의 단계를 벗어날 수 있다. 혼란은 거짓으로 사람들을 꾀어 잘못된 사상으로 인도하려는 사람들에 의해 일어난다.

우리는 성경이 가르치는 바를 알 필요가 있는 것이지, 잘못된 교훈을 알 필요는 없다. 위조지폐를 감식하는 수사관들은 진짜 지폐를 잘 연구하여 가짜를 구별해 내지, 가짜를 연구하여 가짜를 구별해 내지는 않는다. 마찬가지로 우리는 성경의 가르침을 잘 알아서 잘못된 가르침을 구별해 내야 한다.

이단에 속한 사람이 현관 앞에 서 있다면, 그는 잘못된 영적 메시지를 전하러 온 것이다. 그러나 이단은 내게 전할 메시지가 없고, 오히려 내가 그에게 전할 메시지가 있는 것이다. 한번은 몰몬교도를 만났는데, 영적 주제가 나오자 나는 전도지를 건네주며 그 내용을 설명했다. 내가 읽을 거리를 전해주자 그는 당황했다. 보통은 그 반대였기 때문이다. 하지만 그에게는 내가 들을 소식이 없고, 내게는 그가 들을 필요가 있는 좋은 소식이 있었다.

하나님께서는 진리의 복음을 사용하여 확신을 주신다

고린도후서 4장에서 바울은 주의를 환기시킨다. 대적들과는 반대로 바울은 하나님의 말씀을 왜곡하지 않았다고 기록하고 있다. 그러고 나서 고린도 교인들에게 이를 각인시킨다.

> 만일 우리 복음이 가리웠으면 망하는 자들에게 가리운 것이라 그 중에 이 세상 신이 믿지 아니하는 자들의 마음을 혼미케 하여 그리스도의 영광의 복음의 광채가 비취지 못하게 함이니 그리스도는 하나님의 형상이니라 우리가 우리를 전파하는 것이 아니라 오직 그리스도 예수의 주 되신 것과 또 예수를 위하여 우리가 너희의 종 된 것을 전파함이라3-5절.

왜 어떤 이들은 복음을 받아들이려 하지 않는가? 그들은 이 시대의 신, 곧 사탄과 악령에게 영향을 받은 것이다. 이들은 사람들의 눈을 완전히 멀게 하여, 성령이 아니고는 사람들이 복음을 이해할 수 없게 되었다.

이처럼 사탄에게 눈이 멀게 된 사람들에게 바울은 무엇을 제시하는가? 바울은 하나님의 형상이신 그리스도께 초점을 맞춘다. 속이는 자들과 그들의 교훈이 아니라 그리스도와 그의 진리에 바울은 메시지의 초점을 맞춘다. 그리고 그리스도가 전해지면서 성령은 잃어버린 자들에게 그리스도가 필요하다는 확신을 주신다. 요한복음 16:8에서 사도는 성령의 확증하시는 사역을 이렇게 설명한다. "그가 와서 죄에 대하여, 의에 대하여, 심판에 대하여 세상을 책망하시리라." 그러므로 신자들은 잃어버린 영혼들 앞에 진리를 놓고, 성령의 기름 부으심으로 이 진리가 잃어버린 영혼을 그리스도께 돌아오게 할 수 있음을 믿어야 한다.

바울은 또한 하나님이 십자가의 도를 사용하셔서 확신을 주신다고 강조한다.

"하나님의 지혜에 있어서는 이 세상이 자기 지혜로 하나님을 알지 못하는 고로 하나님께서 전도의 미련한 것으로 믿는 자들을 구원하시기를 기뻐하셨도다……우리는 십자가에 못 박힌 그리스도를 전하니 유대인에게는 거리끼는 것이요 이방인에게는 미련한 것이로되" 고전 1:21, 23.

유대인들은 그리스도가 정치적인 왕국을 이루고 자기들은 관리가 될 줄로 알았다. 진리를 추구하는 헬라 사람들은 철학을 강조했다. 그러나 하나님께서는 십자가의 메시지, 곧 십자가에 못 박힌 그리스도의 메시지를 주셨다. 십자가를 통해 하나님은 인간의 무지함을 드러내셨고, 동시에 하나님의 지혜를 보이셨다. 이론이나 논쟁으로는 불가능한 것을 하나님이 제안하셨는데, 바로 십자가에 못 박힌 그리스도를 통해 세상을 구원하신다는 계획이었다. 하나님은 십자가의 메시지를 사용하여 구원하신다. 성경은 이 메시지를 간단 명료하게 전할 것을 권고한다.

신자는 방어자세가 아니라 공격자세를 취해야 한다

바울의 아덴 사역을 통해 이단들을 어떻게 대할 것인지 연구할 수 있다. 아덴은 사람보다 신들이 더 많은 도시였다. 바울이 그들에게 접근할 때, 불신자들의 눈에 무엇이 두드러져 보였는가? 사도행전 17:18은 이렇게 말해 준다. "어떤 에비구레오와 스도이고 철학자들도 바울과 쟁론할새 혹은 이르되 이 말장이가 무슨 말을 하고자 하느뇨 하고 혹은 이르되 이방 신들을 전하는 사람인가보다 하니 이는 바울이 예수와 또 몸의 부활 전함을 인함이러라." 그들은 바울이 전하는 예수님과 부활을 듣고 놀랐다.

에비구레오 철학자들은 무신론자들로서 쾌락이 유일한 선이고 고통은 유일한 악이라고 생각했다. 이 세상 이 후의 삶도 없고 장래 심판도 없다고 확신하는 이들의 철학은 "먹어라! 마셔라! 즐겨라!"였다. 한편 스도이고 철학자들은 인간과 신의 구분이 없다고 보고, 하나님은 모든 것이고, 모든 것은 하나님이라고 했다. 이런 사람들에게 바울은 어떻게 접근했을까? 바울은 "예수와 또 몸의 부활"을 전했다. 그들은 여태까지 들어보지 못한 이야기임을 깨닫고, 최신의 사상만 전하고 듣는 사람들이 모이는 아레오바고 언덕으로 바울을 데리고 갔다. 그들은 무엇을 요구했는가?

"붙들어 가지고 아레오바고로 가며 말하기를 우리가 너의 말하는 이 새 교가 무엇인지 알 수 있겠느냐"19절.

바울의 접근방법은 방어적이 아니라 공격적이었다. 바울은 그들의 메시지를 이해할 필요가 없다는 것을 알고 있었다. 오히려 그들이 바울의 메시지를 이해해야 할 필요가 있었다. 사실 오늘날 이단에 속한 많은 사람들은 그들의 교리가 무엇인지 정확히 모른다. 그들은 단지 어딘가에 소속감을 갖기 위해 등록한 것이다. 사람은 누구나 환영받기 원하는데, 이단은 환영하고 속이는 일에 전문이다.

그러므로 이단들을 향한 바울의 접근법은 오늘날도 효과적이다. 우리는 기독교 신앙을 변호할 것이 아니라, 진리의 복음을 제시해야 한다.

믿는 바를 확실히 알아야 한다

우리는 이단이 믿는 바가 아니라, 우리가 믿는 바를 확실히 알아야 한다. 이렇게 하면 소위 상식에 도움이 된다. 이단의 신앙을 알아야 그들에게 전도할 수 있다고 하면, 3가지 문제에 봉착하게 된다.

1. 어떤 이단에 대해 준비할 것인가? 내가 다음에 만날 이단이 몰몬교도일까, 여호와의 증인일까, 크리스쳔 사이언스일까, 회교도일까, 힌두교도일까, 불교도일까, 아니면 우후죽순처럼 일어나는 뉴에이지 신봉자일까?

2. 어떻게 최신 지식을 갖출 것인가? 주님의 재림이 지체될수록 사람들은 진리로부터 더욱 멀어져 갈 것이다. 성경은 이렇게 예언하고 있다. "때가 이르리니 사람이 바른 교훈을 받지 아니하며 귀가 가려워서 자기의 사욕을 좇을 스승을 많이 두고 또 그 귀를 진리에서 돌이켜 허탄한 이야기를 좇으리라" 딤후 4:3-4. 모든 이단에 대해 충분한 지식을 갖추기는 불가능할 것이다.

3. 예외적인 경우는 어떻게 준비할 것인가? 여기서 예외라 함은, 어떤 사람이 이단이지만 자신이 속한 종교의 가르침을 믿지 않는 경우를 말한다. 언젠가 힌두교인을 만난 일이 있는데, 그는 힌두교도들이 믿는 바를 자기는 믿지 않는다고 분명하게 고백했다. 그 대신 그는 죽음 후에 한번 더 기회가 있다고 믿는다고 했는데, 이것은 중요한 사실이다. 그러면서 그는 "내가 틀릴지도 모르지요. 그러나 나는 내가 믿기 원하는 것을 믿고 싶습니다."라는 말을 덧붙였다. 우리의 기대와는 달리, 이런 예외의 경우가 오히려 정상적인 현상이다.

그러나 한 가지 주의할 것이 있다

그렇다고 이단에 대해 아는 것이 전도에 도움이 되지 않는다는 말은 아니다. 단지, 성경적으로는 이단을 아는 것이 이단에게 다가가기 위한 필수조건은 아니라는 것이다. 많은 신자들의 고백에 의하면, 이단에게 그들의 잘못된 교리를 가르치다가 정작 하나님의 구원 계획은 빼먹고 전하지 못한다는 것이다.

결론

이단에게 전도하려면 그들이 믿는 종교에 대해 알아야 한다는 생각은 성경의 가르침이 아니다. 신자들은 성경의 진리를 제대로 알아서, 잘못된 이야기를 들으면 그것을 분별할 줄 알아야 한다. 우리는 진리의 복음을 이단 앞에 제시해야 하고, 성령의 기름 부으심을 받아 그 사람을 그리스도께로 인도해야 한다.

> **이단**에게 전도하기 위해서는, 신자가 먼저 자신이 믿는 바를 확실히 알아야지 그들이 무엇을 믿는지 알아야 하는 것은 아니다. 하나님이 신자에게 이단을 보내시는 것은, 그들에게 복음을 전하라는 것이지, 그들에게서 오류를 들으라는 것이 아니다.

MISCONCEPTION 19

사람들 앞에서 예수님을 고백하지 않으면, 구원받을 수 없다.

사라의 기도는 놀랍게 응답되었다. 방황하며 마약에 시달리던 아들을 위해 수십 년을 기도한 결과 마침내 그리스도께로 나아왔던 것이다. 아들은 여러 번 복음을 거절하고 자기 마음대로 살려고 했고, 그리스도가 필요하다는 사실을 깨닫지 못했다. 그러나 더 이상 어쩔 수 없는 극한 상황에 이르자, 자신이 거절하던 그분이 바로 자신이 필요로 하는 분이심을 알게 되었다. 어머니가 다시 한번 복음을 증거하자, 그는 그리스도께 자신을 드렸다. 그리고 어머니의 구주가 이제 바로 자신의 구주가 된 사실에 감사하여 가족들을 다 불러 모으고 자신에게 일어난 변화를 이야기했다. 그는 조금도 부끄러워하지 않고 이제 자신은 그리스도께 속했노라고 고백했다.

새 신자들이 사람들에게 구원을 간증하는 모습을 지켜보는 것보다 더 기쁜 일은 없다. 그러나 대중 앞에서 공공연히 그리스도를 고백하는 것이 구원의 필수조건일까? 어떤 사람들은 "그렇다!"고 할 뿐 아니라, 더 나아가 공적으로 고백하는 행동의 하나로서, 강단 앞으로 나와야 한다고 촉구한다. 즉 구원받으려면 강단 앞으로 나와야 한다는 것이다.

어떤 설교자는 이렇게 말했다. "구원받으려면 두 가지 일을 해야 합니다. 하나는 그리스도께 나오는 것이요, 또 하나는 강단 앞으로 나오는 것입니다."

또 다른 설교자는 구원받기 위해서는 그리스도를 공적으로 고백해야 하는데, 이는 "그리스도는 언제나 공개적으로 사람을 부르셨기 때문입니다."라고 했다.

몇 사람 앞에서 고백하든지, 강단 앞에서 고백하든지 대중 앞에서 그리스도를 인정하는 것은 물론 중요하다. 하지만 그것이 성경적인 구원의 조건은 아니다. 사람들 앞에서의 고백이 어떤 경우에는 복음의 단순함과 제자도의 중요성을 약화시킨다.

깊이 생각해 보아야 할 3가지

공적인 고백을 구원과 관련하여 생각해 보기 전에 3가지 성경적 사실을 살펴보아야 한다.

첫 번째로 생각해 봐야 할 말씀은 요한복음 12:42-43이다. 그리스도의 이적은 유대인 앞에 그리스도가 하나님이라는 것을 선포하기 위함이었다. 그러나 많은 사람들이 믿기를 거절했다. "이렇게 많은 표적을 저희 앞에서 행하셨으나 저를 믿지 아니하니"요 12:37. 그러나 어떤 사람들은 믿었다. "그러나 관원 중에도 저를 믿는 자가 많되 바리새인들을 인하여 드러나게 말하지 못하니 이는 출회를 당할까 두려워함이라 저희는 사람의 영광을 하나님의 영광보다 더 사랑하였더라"요 12:42-43.

요한복음에서 '믿는다'는 단어는 "구원하는 믿음"의 의미로 쓰인다. "하나님이 세상을 이처럼 사랑하사 독생자를 주셨으니 이는 저를 믿는 자마다 멸망치 않고 영생을 얻게 하려 하심이니라"요 3:16. 요한복음 12장의 유대 관원은 그리스도를 죄에서 구원해 주시는 메시아로 믿었다. 그러나 회당에서 출교당할까봐 겁이 나서 사람들 앞에서 고백하지는 않았다. 그럼에도 요한은 그들이 예수님을 "믿었다"고 기록하고 있다.

둘째, 많은 성경 구절이 공중 앞에서의 고백보다, 구원은 오직 믿음에만 근거한다고 말하고 있다는 것이다. 익숙한 10개 구절만 인용해 보겠다.

영접하는 자 곧 그 이름을 믿는 자들에게는 하나님의 자녀가 되는 권세를 주셨으니 요 1:12.

저를 믿는 자는 심판을 받지 아니하는 것이요 믿지 아니하는 자는 하나님의 독생자의 이름을 믿지 아니하므로 벌써 심판을 받은 것이니라 요 3:18.

내가 진실로 진실로 너희에게 이르노니 내 말을 듣고 또 나 보내신 이를 믿는 자는 영생을 얻었고 심판에 이르지 아니하나니 사망에서 생명으로 옮겼느니라 요 5:24.

예수께서 가라사대 나는 부활이요 생명이니 나를 믿는 자는 죽어도 살겠고 무릇 살아서 나를 믿는 자는 영원히 죽지 아니하리니 이것을 네가 믿느냐 요 11:25-26.

일을 아니할지라도 경건치 아니한 자를 의롭다 하시는 이를 믿는 자에게는 그의 믿음을 의로 여기시나니 롬 4:5.

그러므로 우리가 믿음으로 의롭다 하심을 얻었은즉 우리 주 예수 그리스도로 말미암아 하나님으로 더불어 화평을 누리자롬 5:1.

너희가 다 믿음으로 말미암아 그리스도 예수 안에서 하나님의 아들이 되었으니갈 3:26.

너희가 그 은혜를 인하여 믿음으로 말미암아 구원을 얻었나니 이것이 너희에게서 난 것이 아니요 하나님의 선물이라 행위에서 난 것이 아니니 이는 누구든지 자랑치 못하게 함이니라엡 2:8-9.

그 안에서 발견되려 함이니 내가 가진 의는 율법에서 난 것이 아니요 오직 그리스도를 믿음으로 말미암은 것이니 곧 믿음으로 하나님께로서 난 의라빌 3:9.

또 증거는 이것이니 하나님이 우리에게 영생을 주신 것과 이 생명이 그의 아들 안에 있는 그것이니라 아들이 있는 자에게는 생명이 있고 하나님의 아들이 없는 자에게는 생명이 없느니라 내가 하나님의 아들의 이름을 믿는 너희에게 이것을 쓴 것은 너희로 하여금 너희에게 영생이 있음을 알게 하려 함이라요일 5:11-13.

성경은 그 자체로 모순되지 않는데, 많은 성경 구절에서 구원의 조건은 오직 믿음이라고 한다. 공중 고백이 어떤 위치를 차지하든지 간에, 그리스도를 사람들 앞에서 고백하는 것이 구원의 조건은 될 수 없다.

세 번째로 생각해 봐야 할 것은, 십자가에 못 박힌 강도의 회개이다. 두 강도가 예수님과 함께 십자가에 달렸다. 그 중 하나는 "네가 그리스도가 아니냐 너와 우리를 구원하라"눅 23:39고 비방했지만, 다른 하나는 그리스도를 믿음으로 의지했다. "예수여 당신의 나라에 임하실 때에 나를 생각하소서"42절.

그리스도의 대답은 죽어가는 사람에게는 최고의 소식이었다.

"내가 진실로 네게 이르노니 오늘 네가 나와 함께 낙원에 있으리라"43절.

이 강도가 자신의 결단을 사람들에게 공공연히 말한 적이 있는가? 그럴 기회도, 그럴 시간도 없었다. 사실 십자가에 못 박힌 상태에서 자신이 구원받았다는 고백을 하기는 어려울 것이다. 공중 고백이 구원의 조건이라면, 예수님이 구원을 선포하셨어도 그 강도는 구원받지 못했을 것이다. 또한 두 가지 복음, 곧 구원을 간증할 수 있는 사람을 위한 복음과, 그럴 시간이 없는 사람을 위한 복음이 있어야 할 것이다.

공중 고백을 뒷받침하는 데 사용되는 구절은 무엇인가?

"사람들 앞에서 예수님을 고백하지 않으면, 구원받을 수 없다."는 교훈을 주장하기 위해 사용하는 성경 구절로 3개가 있다.

로마서 10:9-10

네가 만일 네 입으로 예수를 주로 시인하며 또 하나님께서 그를 죽은 자 가운데서 살리신 것을 네 마음에 믿으면 구원을 얻으리니 사람이 마음으로 믿어 의에 이르고 입으로 시인하여 구원에 이르느니라.*

이제 3가지를 관찰해 보자. 이 구절에서 "구원"은 '건져낸다'는 의미이다. 바울은 파선으로부터의 구원을 쓰고 있으며행 27:20, 야고보는 육체적인 죽음으로부터의 구원을 기록했고약 5:15, 바울은 아이 밴 여인의 구

---

* 이 구절에 대해 더 깊이 살펴보고 싶은 사람은 본인의 저서를 참조하라. *Free and Clear*, Kregel, 1997.

원을 이야기하고 있다딤전 2:15. 구원이란 단어가 항상 영원한 구원을 의미하는 것은 아니다. 무엇에서 구원받는지는 문맥에서 결정된다.

로마서의 이 시점에서 바울은, 로마서 5장에서 시작한 주제("그러면 이제 우리가 그 피를 인하여 의롭다 하심을 얻었은즉 더욱 그로 말미암아 진노하심에서 구원을 얻을 것이니 곧 우리가 원수 되었을 때에 그 아들의 죽으심으로 말미암아 하나님으로 더불어 화목되었은즉 화목된 자로서는 더욱 그의 살으심을 인하여 구원을 얻을 것이니라"롬 5:9-10.), 곧 하나님의 진노로부터 어떻게 구원받을 수 있는지를 설명한다.

죄에 대한 하나님의 진노를 피하기 위해, 우리는 의롭다 함을 받아야 한다. 로마서 10:10의 "의"라는 명사는 "옳다고 여기다"라는 동사에서 파생한 것이다.

"그러므로 우리가 믿음으로 의롭다 하심을 얻었은즉 우리 주 예수 그리스도로 말미암아 하나님으로 더불어 화평을 누리자"롬 5:1에서처럼 "옳다고 여기다"라는 동사는 의롭다고 선포한다는 의미이다.

우리가 죄인의 몸으로 하나님께 나아와, 예수 그리스도를 우리 대신 죽으시고 다시 살아나셔서 우리를 구원하실 분으로 인정하고, 오직 그리스도만을 의지하는 순간에 신령한 거래 관계가 성립된다. 하나님은 아들의 의로우심을 가져다가 우리 장부에 넣으시고, 우리는 영원히 의롭다 함을 얻는다. 그러므로 10절의 앞부분은 "사람이 마음으로 믿어 하나님 앞에 의롭다 함을 얻는다."라는 의미이다.

그러나 현재의 죄에 대한 하나님의 진노를 피하기 위해서는 그리스도를 사람들 앞에서 고백해야 한다. 바울은 로마서 10:10에서 이렇게 말한다. "……입으로 시인하여 구원에 이르느니라." 우리는 단순히 그리스도를 의지함으로 그리스도인이 된다. 하나님 앞에 바로 서는 근거는 그리스도만을 의지하는 것이고, 그리스도인이 되는 길은 이것밖에 없다. 그러나 그리스도인이 현재의 죄로부터 구원을 얻고 승리하기 위해서는 공개적으로 믿음을 선포하는 길밖에 없다.

바울은 계속해서 이렇게 말한다. "성경에 이르되 누구든지 저를 믿는 자는 부끄러움을 당하지 아니하리라 하니 유대인이나 헬라인이나 차별이 없음이라 한 주께서 모든 사람의 주가 되사 저를 부르는 모든 사람에게 부요하시도다 누구든지 주의 이름을 부르는 자는 구원을 얻으리라"11-13절.

그리스도를 의지하는 사람은 결코 실망하지 않는다. 고백을 하면서 당황할 필요가 없다. 하나님의 도움이 필요하다면 "주의 이름을 부르라"는 말씀으로 힘을 얻으라. 이 구절은 하나님을 경배하고 그분의 도우심을 구하는 말로 성경에 자주 쓰인다욜 2:32 참조. 그러나 이런 도움을 요청하기 전에 먼저 믿음이 있어야 한다. 그러므로 바울은 "그런즉 저희가 믿지 아니하는 이를 어찌 부르리요 듣지도 못한 이를 어찌 믿으리요 전파하는 자가 없이 어찌 들으리요"14절라고 말한다.

그러므로 로마서 10:9-10은 사람들 앞에서 고백하는 것이 영원한 형벌로부터 구원을 얻기 위한 조건이라고 가르치지 않는다. 단지 승리하는 그리스도인의 생활을 하는 데 고백이 필요하다고 가르친다.

어느 날 밤 아내와 나는 천정에 물이 새는 것을 발견했다. 천정에 얼룩이 지고 이상한 냄새가 나는 것이 어째 이상하다 했다. 아내는 수리하는 사람을 불렀다. 그는 시원스럽고 믿음직하고 친절한 사람이었다. 그가 떠난 후, 아내는 그에게 편지를 쓰고 전도지를 넣어 보냈다. 그 전도지에는, 구원은 그리스도의 공로에 무엇을 더하는 것이 아니라, 그냥 그리스도만으로 된다는 설명이 담겨 있었다. 전도지를 보고 크게 마음이 움직인 그는 아내에게 전화를 걸었다. 그는 이미 구원의 확신이 있었으므로, 아내는 영생이 선물이라는 점을 강조했다.

일년 후에 우리가 사는 지역에 우박이 쏟아졌다. 마당에서 보니 지붕

물받이가 찌그러지고 보기 흉하여 지붕 수리를 해야 했기에 우리는 다시 그 사람을 불렀다. 그리고 며칠 후 그가 돈을 받으러 왔을 때 마침 아내는 집에 없었다. 그는 눈을 반짝이며 친근한 미소를 띠고 의자에 앉아, 나와 함께 이야기하고 싶다고 했다. 나는 그가 무엇인가 나눌 것이 있다는 것을 눈치챘다.

"저는 사모님이 보낸 편지와 전도지를 성경 속에 넣고 다니면서 주일마다 교회 갈 때 읽었지요."

그는 이야기하는 중에 3번이나 그리스도만으로 구원받은 것이 놀랍다고 했다. 그가 아내의 행동을 통해 구원을 받았는지, 아니면 예전에 구원을 받았는데 그 단순한 메시지를 잊고 살아왔는지는 알 수 없다. 그러나 그는 내게 그리스도만이 구원하신다는 것을 이해하게 되었다고 했다.

이제 그는 복음을 이해한 사람으로서 자신의 믿음을 나누며 다른 사람들에게 이야기하는 것을 부끄러워하지 않는다. 그리스도를 사람들 앞에서 나누는 것이 그가 승리의 삶을 사는 데 영향을 미친다는 것은 분명하다. 그리스도의 발자취를 따르려는 한 사람으로서 그의 일과 간증은 하나님께 쓰임받고 있다.

마태복음 10:32-33

누구든지 사람 앞에서 나를 시인하면 나도 하늘에 계신 내 아버지 앞에서 저를 시인할 것이요 누구든지 사람 앞에서 나를 부인하면 나도 하늘에 계신 내 아버지 앞에서 저를 부인하리라.

어떤 사람들은 "누구든지 사람 앞에서 나를 부인하면 나도 하늘에 계신 내 아버지 앞에서 저를 부인하리라"는 부분을 특히 강조하면서 그리스도를 사람들 앞에서 고백하는 것이 구원의 조건이라고 결론짓는다.

그러나 문맥을 살펴보면 고백이 영생의 조건이 되느냐는 질문은 사라진다. 이 구절은 제자도에 대한 것이다. 몇 절 앞에 이런 기록이 있다. "제자가 그 선생보다, 또는 종이 그 상전보다 높지 못하나니 제자가 그 선생 같고 종이 그 상전 같으면 족하도다 집주인을 바알세불이라 하였거든 하물며 그 집 사람들이랴"24-25절.

제자들이 박해나 혹은 최악의 경우 죽음을 두려워하여 주님을 부인한다면 어떤 결과를 초래하겠는가?28절 그래도 구원은 잃지 않겠지만, 영원한 상급에는 영향을 미칠 것이다. 몇 절 뒤를 보면, 제자도를 계속 가르치면서 그리스도는 이렇게 설명하신다.

"선지자의 이름으로 선지자를 영접하는 자는 선지자의 상을 받을 것이요 의인의 이름으로 의인을 영접하는 자는 의인의 상을 받을 것이요 또 누구든지 제자의 이름으로 이 소자 중 하나에게 냉수 한 그릇이라도 주는 자는 내가 진실로 너희에게 이르노니 그 사람이 결단코 상을 잃지 아니하리라"41-42절.

구원받은 사람은 모두 천국에 간다. 그러나 구원받은 사람이 다 같은 상급을 받는 것은 아니다. 그리스도를 의지하면서도 사람들 앞에서 고백하지 않는 사람들은, 구원은 잃지 않지만 영원한 상급에는 차이가 있을 것이다.

"누구든지 사람 앞에서 나를 부인하면 나도 하늘에 계신 내 아버지 앞에서 저를 부인하리라"는 그리스도의 경고 때문에 구원을 잃는 것은 아니다. 주님은 제자들에게 천국에서 상을 잃을 위험에 대해 경고하시는 것이다. 우리가 그를 부인하면, 우리가 상을 받으러 그의 앞에 섰을 때 그는 우리가 충성스런 제자임을 부인할 것이다.

디모데후서 2:11-13

미쁘다 이 말이여, 우리가 주와 함께 죽었으면 또한 함께 살 것이요 참으면 또한 함께 왕 노릇할 것이요 우리가 주를 부인하면 주도 우리를 부인하실 것이라 우리는 미쁨이 없을지라도 주는 일향 미쁘시니 자기를 부인하실 수 없으시리라.

이 말씀은 구원받으려면 사람들 앞에서 그리스도를 고백해야 한다는 뜻 아닌가?

바울은 "내가 택하신 자를 위하여 모든 것을 참음"10절이라고 했을 때의 고난을 말하는 것이었다. 참는 자들에게는 하늘의 상급이 약속되어 있다. 그들은 "그와 함께 왕 노릇할" 것이다. 통치한다는 것은 요한계시록 3:21을 보면 상급을 의미한다. "이기는 그에게는 내가 내 보좌에 함께 앉게 하여 주기를 내가 이기고 아버지 보좌에 함께 앉은 것과 같이 하리라."

그를 부인하는 자들은 어떻게 하는가? 우리는 믿음이 없을지라도, 주님은 스스로를 부인하실 수 없다. 우리는 그분과의 약속을 어길 수 있으나, 그분은 우리에게 하신 약속을 깨지 않으신다. 그는 일향 미쁘시다.

'부인'과 연관하여 바울이 "믿음 없음"이란 말을 한 것이 무슨 의미인지는 잘 알 수 없다. 그러나 우리는 그에 대한 믿음을 저버려도 그는 우리를 향하여 여전히 미쁘시다. 그리스도를 의지할 때 주신 구원을 결코 빼앗아가지 않으신다. 오히려 "하나님의 은사와 부르심에는 후회하심이 없다"고 약속하신다롬 11:29. 우리는 그를 떠날 수 있으나, 그는 결코 우리를 떠나시지 않는다.

결론

사람들 앞에서 그리스도를 고백하는 것은 영원과 관계되는 중요한 것이다. 그러나 그 중요성은 우리의 구원과는 관계가 없다. 그것은 현재 승리하는 그리스도인의 삶과 관계가 있으며, 궁극직으로는 영원한 상급과 관련이 있다. 그리스도를 의지함으로 우리는 영생을 선물로 받는다. 그리스도를 언제나 부끄러워하지 않고 고백함으로 우리는 죄를 이기는 승리를 경험하며, 주님을 대면할 때 영원한 상급을 얻는다.

> **사람들** 앞에서 그리스도를 고백하는 것이 영생을 얻는 조건은 아니다. 이런 고백은 제자도와 상급에 관계된 것이다. 구원을 얻는 데는 오직 한 가지 조건이면 된다. "주 예수 그리스도를 믿으라!"

MISCONCEPTION 오해 20

바르게 살기 전까지는 전도하지 말아야 한다. 오히려 해가 된다.

하루 아침에 삶이 뒤집히는 경우가 있다. 지금까지 오랜 세월을 잘 살아오다가 갑자기 모든 것이 무너져 버린다. 부인은 자동차 사고에서 다행히 목숨은 건졌지만, 크게 화상을 입어 여생을 상처와 더불어 살아야 한다. 남편은 엔지니어로 한 해 남짓 일을 했는데, 구조조정 때문에 이제 곧 사직해야 한다. 지난 주에는 멀리 사는 동생이 결장암이라고 전화를 했다. 거기에다가 설상가상으로 16살 된 딸은 부모 맘에는 영 들지 않는 남자를 만나는 중이다!

문제를 만나면 어떤 사람들은 하나님으로부터 멀어지는데, 이 가정은 하나님께로 더 가까이 가는 것 같았다. 이러한 사건들이 있기 전까지는 영적인 일로 이들에게 접근할 수 없었으나, 이제는 기회의 문이 한순간에 활짝 열린 것 같다.

그러니 이런 기회에 전도해야 할 것 아닌가? 무엇 때문에 망설이는가? 그 이웃이 내 삶의 은밀한 부분을 좀 안다는 것이 께름칙한가? 어느 날

저녁 잔디를 깎으려다가 기계에 시동이 잘 안 걸린다고, 그리스도인으로서 해서는 안 될 욕을 하며 화를 냈는가? 아니면 부부가 심하게 싸우는 소리가 담장 너머로 넘어간 적이 있는가? 이웃이 이 모든 사실을 알고 있으니 어쩌면 좋으냐는 말인가? 모든 일을 원만히 처리하는 그리스도인의 모습은 보이지 못하고 말과 행실에 흠이 너무나 많다. "만약 내가 그리스도에 대해 이야기하면 어떻게 반응할까? 내 생활은 본이 안 되는데 어떻게 주님을 증거하겠는가? 오히려 주님께 누가 되는 것은 아닐까?"라고 망설일 수 있다.

어떤 사람들은 "올바로 살기 전에는 전도할 생각 마!"라고 한다. 그리스도를 전파하는 데 도움이 되기보다 오히려 해가 될 위험이 있는 것은 사실이지만, 그 생각은 오해이다. 왜 그런가?

극단주의의 피해자가 되어서는 안 된다

우리의 삶은 중요하다. 이 문제는 "꼭 전도해야 할 필요는 없다. 그저 그리스도인답게 살면 된다."라는 오해를 주제로 다루면서 논의했다.

베드로는 신자들에게 주변의 부도덕과 죄스러운 욕심을 떠나 살라고 강권했다.

"사랑하는 자들아 나그네와 행인 같은 너희를 권하노니 영혼을 거슬려 싸우는 육체의 정욕을 제어하라 너희가 이방인 중에서 행실을 선하게 가져 너희를 악행한다고 비방하는 자들로 하여금 너희 선한 일을 보고 권고하시는 날에 하나님께 영광을 돌리게 하려 함이라" 벧전 2:11-12.

왜 그런가? 이는 영적 건강에 중요하기 때문이다. 또한 불신자들 앞에서 변함없이 효과적인 증거를 하는 데도 중요하다. 베드로는 그들이 "행실을 선하게honorable" 하고, 또 사람들이 그들의 "선한good 일"을 보게 하라고 했다. 이 두 영어 단어는 모두 성품과 행동의 선함을 의미하는 헬라어에서 파생되었다. 이런 행위는 우리들을 비방하고 모함하는 사람들 앞에서 하나님께 영광을 돌리는 것이다. 사실 그리스도도 사람들을 전도하기 위해 선한 행위를 사용하셨다.

"권고하시는 날"은 "모든 입으로 예수 그리스도를 주라 시인하고"빌 2:11 고백하는 마지막 날의 심판을 의미하는 것이리라. 그리고 아마도 하나님이 모든 불신자들을 그리스도 안에 있는 구원하는 믿음으로 인도하시는 그날을 의미하는 것이리라. 하나님은 신자들 안에 있는 선한 성품과 행동을 사용하셔서 불신자들을 그 아들 예수께로 인도하신다. 그러므로 우리의 삶은 우리의 간증에 중요하다.

「일용할 양식」*Our Daily Bread*이라는 경건 소책자에는 경비가 삼엄한 감옥에 들어가 죄수들에게 사역하는 사람의 이야기가 나온다. 그의 출입증이 사라져 경비는 감옥에 들어가 성경을 가르치는 것을 허락하는 임시 출입증을 만들어야 했다. 그가 운전면허증을 보여 주자 경비는 임시 출입증 기입란에 적어 넣었다. 그가 힐끗보니 그가 대리하는 사람의 이름을 적는 난이 보였다. 경비는 그 난에 굵은 서체로 "하나님"이라고 적었다.[1] 신자인 우리는 하나님을 대리하는 사람들이므로 이렇게 우리의 삶은 증거에 중요하다.

그러나 반대의 극단 역시 피해야 한다. 거기에도 위험이 도사리고 있다.

삶이 온전해질 때까지 기다린다면, 전도할 수 없다

어느 교회 집회에서 한 여인이 다가와, 자기는 죄를 짓지 않는 완전한

---

1. "Representing God," (December 2001).

경지에 도달했다고 했다. 죄를 안 지을 뿐 아니라, 죄를 지을 수 없다고 느끼는 경지에 이르렀다는 것이다. 나는 그날 사랑의 속성고전 13장을 주제로 말씀을 전했고, 모임이 끝나자 여인은 나를 만나고 싶어했다.

"좋은 메시지 감사합니다. 저는 제 아들을 위해(아들은 현재 교회에 나오지 않았다) 요점을 다 적었습니다. 제 아이는 이것이 정말 필요하거든요." 그리고 그녀는 문밖을 나서면서 다시 한번 뒤돌아보더니, "저도 이것을 사용할 수 있을 것 같군요."라고 했다.

언제라도, 아무라도, 정직하다면 "당연히 그래야 되지만, 나는 100% 그리스도를 위해 삽니다."라고 말할 수 없을 것이다. 만약 그런 말을 한다면, 이미 교만이라는 죄를 범한 것이다. 오히려 우리는 바울처럼 "내가 원하는 바 선은 하지 아니하고 도리어 원치 아니하는 바 악은 행하는도다"롬 7:19라고 해야 할 것이다. 우리는 진정한 겸손함으로 "오호라 나는 곤고한 사람이로다"24절 하고 탄식해야 할 것이다. 하나님은 완전한 사람을 구원하지 않으신다. 하나님은 죄인, 곧 주님을 대면하기 전까지는 전혀 죄 없는 존재가 될 수 없는 이를 구원하신다.

삶이 온전해질 때까지 기다린다면 결코 전도할 수 없다. 사탄은 이것을 잘 알고 협박의 명수로서 이 오해를 이용하여 전도를 못하게 만든다. 우리가 온전하게 되는 때가 와서, 자유롭게, 자신 있게 전도할 날이 오지 않는다는 것을 사탄은 잘 알고 있다.

불신자들은 완전함이 아니라, 실수를 정직히 인정하기를 바란다

그리스도인이 완전할 것을 기대하는 불신자는 지금까지 한 사람도 만나지 못했다. 그들은 그리스도인들도 사람이기 때문에 실패할 것을 알고 있다. 불신자들이 바라는 것은 완전함이 아니라 정직함이다. 실패를 전혀 안 할 수 없으나, 실패하고도 실패하지 않은 것처럼 행동하는 것은 문제라는 말이다. 일에나 말에나 실수를 하고 잘못했을 때는 "죄송합니다", "미안합니다"라는 말이 즉시 입 밖으로 튀어나오는 습관을 들여야 한다. 사과를 잘하는 사람은 뭔가 끌리는 매력이 있다.

간증을 들으면 흥분된다. 나는 어떻게 사람들이 주님을 알게 되었는지를 듣기 좋아한다. 그래서 사람들에게 "어떻게 주님을 알게 되었나요?"라고 잘 묻는다. 그중 한 사람을 잊을 수가 없다. 그를 존이라고 하자. 존은 내게 이웃 사람 이야기를 했는데, 그 이웃은 참으로 행동에 흠이 많고 사람들에게 실례를 잘하는 사람이었다고 한다. 그러면서도 전도에 열심인 사람이어서, 얼마 지나지 않아 존에게도 전도를 했다. 존은 이렇게 말했다.

"그 사람은 자기 잘못을 너무나 잘 알고 있었고, 저를 성가시게 한 것도 사과를 하더군요. 그런 정직함에 끌려 그의 이야기를 듣게 되었고, 주님께로 나오게 되었습니다. 그러나 그에게 자신의 실수를 인정하는 정직함이 없었다면, 그의 말에 귀를 기울이지도 않았을 겁니다."

30년이 넘도록 전도를 했지만, 완전한 그리스도인을 바라는 비기독교인은 만나보지 못했다. 그들은 우리들이 정직하기만을 원했다.

죄를 자백하는 데는 몇 년이 아니라, 단 몇 초면 된다

우리는 전도하기에 앞서 먼저 기도한다. 기회를 주시고, 담대함을 주시고, 문을 여셔서 잃어버린 영혼들을 구해 주시라고 한다. 그러나 시편 기자는 "내가 내 마음에 죄악을 품으면 주께서 듣지 아니하시리라"시 66:18고 했다. 여기서 말하는 죄는 죄뿐 아니라 죄를 향하는 것까지도 포함한다. 시편 기자는 온 땅의 모든 나라가 일어나 주를 찬양하며, 이스라엘을 구해 주시기를 바란다. 하지만 만약 이 기자가 죄를 품으면 하나님은 이스라엘을 구해 달라는 기도를 듣지 않으신다는 것이다. 죄를 보면 하나님은 고개를 돌리신다. 하나님은 죄를 혐오하신다사 59:2. 우리 안에 죄를 품으면 하나님은 우리 기도를 듣지 않으신다.

하나님 앞에서 우리 마음을 정결케 하는 데는 시간이 얼마나 걸릴까? 몇 초면 된다. 우리가 자백하는 그 순간에 요한일서 1:9 말씀이 이루어진다. "만일 우리가 우리 죄를 자백하면 저는 미쁘시고 의로우사 우리 죄를 사하시며 모든 불의에서 우리를 깨끗케 하실 것이요."

복음을 나눌 때마다 하나님은 우리 마음의 소원을 들으신다. 우리는 전심으로 하나님께 독한 혀를 용서해 주십사고 기도할 수 있다. 우리의 탐욕을 아뢰고, 가정에서 인내하지 못한 것을 용서해 달라고 기도할 수 있다. 자백하는 순간, 우리는 하나님의 자비롭고 은혜롭고 영원한 용서를 경험할 수 있다. 우리는 깨끗한 그릇이 되어 하나님이 사용하시기에 합당한 그릇이 된다.

하나님은 불완전한 사람을 사용하신다

성경에서 하나님이 사용하신 사람들을 살펴보자. 그들은 완전하여 경건의 본이 되는 사람들이 아니다. 그들은 불완전한 사람들로서, 기껏해야 완전한 하나님을 섬기는 존재에 불과한 것이다.

예를 들어 다윗을 보자. 성경은 다윗을 "하나님의 마음에 합당한 사람"이라고 했다삼상 13:14. 어떤 사람들은 그를 이스라엘의 가장 위대한 왕이라고 했다. 다윗의 삶에는 하나님에 대한 갈급함과 의로움이 스며 있다. 그가 왕으로, 용사로, 음악가로, 선지자로 이룩한 모든 것을 기록하자면 여러 권의 책이 될 것이다. 생명이 끝나갈 때 그는 아들 솔로몬에게 무엇을 남겨 주었는가? 통일된 국가, 모든 나라가 두려워하는 군사력, 10배나 넓어진 영토, 길게 뻗은 상업용 도로 등이었다.

그러나 이 모든 업적도 사람이 지을 수 있는 가장 심각한 두 가지 범죄로 흠집이 났다. 그는 간음했고, 그 죄를 감추기 위해 여인의 남편을 죽였다. 그러나 하나님은 그를 사용하신 것을 잘못이라고 사과하지 않으시고, 다윗이 일단 죄를 자백했을 때 그를 더욱 사용하셨다. 역대상 29:28은 다음과 같은 놀라운 글을 기록하고 있다. "저가 나이 많아 늙도록 부하고 존귀하다가 죽으매 그 아들 솔로몬이 대신하여 왕이 되니라."

삼손도 믿음의 영웅으로 기록되어 있다 히 11:32. 그가 하나님이 주신 힘으로 이룬 일은 놀랍다. 그는 사자를 찢어 죽이고, 블레셋 군사 30명을 죽이고, 또 맨손으로 일천 명을 죽였다. 그는 자신을 결박한 끈을 끊어버리고 성문짝을 어깨에 지고 가사까지 걸어갔다.

하지만 그는 아직 육적이고, 어린아이 같고, 성 욕구가 강했다. 그러나 하나님께 쓰임받기를 간절히 바라서, 목숨을 바쳐 다곤 신전 기둥을 무너뜨렸다. 우상숭배자들에 대한 처벌은 엄하여 엄청난 사람들이 죽었다.

"……삼손이 죽을 때에 죽인 자가 살았을 때에 죽인 자보다 더욱 많았더라" 삿 16:30.

신약을 보자. 가장 심각한 순간에 주님을 실망시킨 사람은 누구인가? 베드로다. 그는 예수님 옆에서 걸어갔고, 그의 발 아래에서 배웠으나 주님을 3번이나 부인했다. 그러나 주님은 그를 초대교회 지도자로 사용하셨고, 고넬료에게 증거하게 하심으로 복음이 이방인에게로 전달되었다. 그의 전도 설교는 많은 사람들에게 영향을 주었다.

하나님은 불완전한 사람들을 사용하신다. 문제는 우리의 죄 없는 상태가 아니라, 회개하고 다시 하나님께 쓰임을 받으려는 우리의 자세이다.

하나님은 우리를 통해 역사하시기도 하고, 때로는 우리 없이 역사하시기도 한다

우리는 전도하면서 생각이나 처신에 있어서 늘 하나님을 높여야 한다. 하나님은 이것을 바라신다. 그러니 우리의 삶이나 동기가 정도를 벗어날 때도 하나님은 영광 받으실 수 있다.

바울은 로마까지 가서 그 도시를 복음화하기로 결심했다. 그는 3차 전도여행 후에 예루살렘에서 체포되어 가이사랴로 끌려갔고, 결국 로마 감옥에 죄수로 갇히는 몸이 되었다. 그는 마지막 3년 동안 감옥 생활을 하며 여러 번 거절 당하고 죽을 고비를 넘겼다.

로마는 복음을 들었는가? 그렇다. 바울과 함께 쇠사슬에 묶여 그를 지키던 간수들이 바울의 입에서 복음을 듣고, 동료들에게 전했다. 그렇지 않고야 어떻게 로마가 복음을 들었겠는가? 바울은 이렇게 말하고 있다.

"형제 중 다수가 나의 매임을 인하여 주 안에서 신뢰하므로 겁 없이 하나님의 말씀을 더욱 담대히 말하게 되었느니라" 빌 1:14.

바울의 용기는 다른 사람들에게도 자극이 되었다. 그들이 모두 올바른 동기로 그리스도를 전했는가? 바울은 이렇게 계속한다.

"어떤 이들은 투기와 분쟁으로, 어떤 이들은 착한 뜻으로 그리스도를 전파하나니 이들은 내가 복음을 변명하기 위하여 세우심을 받은 줄 알고 사랑으로 하나 저들은 나의 매임에 괴로움을 더하게 할 줄로 생각하여 순전치 못하게 다툼으로 그리스도를 전파하느니라" 15-17절.

어떤 이들은 주님을 사랑하는 마음으로, 잃어버린 자들을 사랑하는 마음으로 복음을 전하나, 어떤 이들은 자기를 위해 복음을 전한다. 바울이 떠난 무대에서 자기들이 화려한 조명을 받으며 초라한 바울을 더욱 초라하게 만들기 위해서다. 그들은 동기도, 영성도 병든 자들이었으나, 바울은 그래도 그리스도가 전파되는 것이라며 위로한다. 바울은 그들의 메시지는 인정했으나, 동기는 인정하지 않았다. 하나님은 그들을 통해 역사하시지만, 또한 그들과 상관 없이도 역사하신다.

한 신학교 학장이 복음을 잘 전하기로 소문이 났다. 악한 사탄은 학장을 꾀어 부도덕한 관계로 유혹했다. 다른 여인의 속삭임이 아내보다 더 달콤하게 된 학장은 결국 아내를 떠나 그 여인에게로 갔고, 학생들과 학교는 황폐해졌다. 이제까지의 간증은 물거품이 되었고, 학교는 유야무야하게 되었다. 이 학장이 죄 가운데 있는 중에도 하나님께서 사용하셨을까? 그렇다. 그는 여전히 동기부여를 하고, 학생들을 훈련시켰으며, 죄 중에 살면서도 사람들을 그리스도께 인도하기까지 했다. 그의 삶은 하나님께 누를 끼쳤으나, 하나님은 그의 삶을 통해 역사하고 계셨다.

경건하게 그리스도를 따르는 목사 친구가 있다. 하나님은 그를 크게 사용하셨다. 나는 그가 이끄는 전도집회에 가서 말씀을 전하기도 했다. 많은 불신자들이 거기 참석하여 예수님을 믿었다. 나는 그와 함께 여러 번 전도를 나갔고, 매번 영적 열매는 풍성했다. 그런데 슬프게도 사탄이 그를 꾀었다. 그는 유혹에 넘어가 교회의 여인과 부도덕한 관계를 맺게 되었다. 결국 그는 아내를 떠났고, 그의 아내와 가족과 온 교회가 아픔을 겪었다. 그렇지만 부인할 수 없는 사실은, 그런 죄인으로 살면서도 하나님의 역사는 계속되었다는 것이다.

하나님이 더 사용하기 좋아하시는 것과, 하나님이 사용하실 수 있는 것이 항상 동일하지는 않다. 하나님은 깨끗한 그릇을 사용하려 하시지만, 어떤 경우는 우리의 상태와 상관없이 하나님이 은혜로 역사하시는 때가 있다.

결론

경건한 삶이 간증에 유익하지만, 삶이 생각만큼 완전치 않으면 복음을 이웃과 나눌 수 없다는 극단적인 생각을 해서는 안 된다. 완전해야만 전도할 수 있다면, 누구도 전도할 수 없다. 불신자들은 우리에게 자신의 잘못을 인정하는 정직함을 원한다. 그들은 우리가 숨기는 것을 싫어한다. 하나님과 온전치 않은 관계는 죄를 자백함으로써 즉시 깨끗이 할 수 있다. 하나님은 은혜로 구원받은 죄인을 사용하기를 기뻐하신다.

> **우리**의 간증은 우리 삶으로 망가질 수 있다. 그러나 삶이 온전해질 때까지 기다리라는 것은 사탄의 전략이다. 하나님은 우리가 불완전하지만 사용하신다.

하나님은 전도 실적을 보신다. 충분한 수를 채워야 한다!

내일 오후 3시, 나의 일 년을 평가하는 시간이다. 이마에 땀이 흐른다. 오늘밤 잠을 이룰 수 없을 것 같다. 상관이 무어라고 평가할까? 나의 실적에 만족할까, 실망할까? 이렇게 염려하는 데는 이유가 있다. 첫해 나의 실적은 기대에 못 미쳤다. '내가 평가하는 사람이면 좋겠다.' 는 생각도 해본다.

사장은 종업원에게 무엇을 원할까? 결과다. 직원은 월급에 걸맞는 가치가 있어야 한다. 그렇지 않으면 생산성보다 급여를 더 많이 지불하는 셈이 된다. 계약서에 그런 내용이 있거나 없거나 상관없이 사장은 "나는 결과를 원합니다."라는 말을 하는 것이다.

많은 사람들이 전도에 있어서 하나님도 똑같으시다고 말한다. 그리스도를 몇 사람과 나누었는지는 중요하지 않다. 하나님은 사람들을 그리스도께로 인도하기를 원하시지, 그냥 그리스도에 대해 전하기를 원하시는 것이 아니라고 생각하기 때문이다.

그 결과로 몇 가지 문제가 발생한다.

우선, 접근방식이 많이 부담스러워진다. 불신자들이 자기 발로 걸어오는지 우리의 권유로 오는지는 중요하지 않고, 목록이 길어지기만 하면 된다. 그 사람의 반응이 별로면 거기 시간을 들일 수도 없다. 하나님은 실적을 죽 기록하는 분이라고 생각하기 때문이다. 불신자에게 "네, 믿겠습니다."라는 답을 받아내야 하므로 우리는 그를 압박하고 조정한다. 그러나 문제는 이렇게 결신하는 것은 성령의 역사가 아니라는 것이다. 이것은 사람의 역사에 불과하지 전혀 회심이 아니다.

두 번째 발생하는 문제는, 우리들이 낙심한다는 것이다. 성과가 별로 없으면 하나님께 해드린 것이 없다고 자책하면서, 이 일을 계속해야 하는지 고민한다. 전도에는 결국 실패할 것이고, 그렇게 되면 하나님을 실망시킬 것이라고 생각한다. 그러면 나중에 어떻게 하나님 앞에 설 수 있단 말인가?

이런 생각은 무엇이 잘못되었는가? 왜 이것이 오해인가?

불신자를 구원하지 못하는 것에 대해 하나님이 책임을 물으신다고 가르치는 성경 구절은 없다

불신자를 구원하는 것이 우리 책임이라는 생각을 어디서 하게 되었을까? 그런 성경 구절은 없다. 또, 하나님 앞에 섰을 때 하나님께서 "너는 몇 명이나 내게로 인도했느냐?"라고 물으시리라는 암시를 주는 곳도 없다. 하나님은 그런 질문을 하시지 않을 것이다. 그분은 다 알고 계신다.

그러나 고린도전서 9:19-23은 어떤가?

내가 모든 사람에게 자유하였으나 스스로 모든 사람에게 종이 된 것은 더 많은 사람을 얻고자 함이라 유대인들에게는 내가 유대인과 같이 된 것은 유대인들을 얻고자 함이요 율법 아래 있는 자들에게는 내가 율법 아래 있지 아니하나 율법 아래 있는 자같이 된 것은 율법 아래 있는 자들을 얻고자 함이요 율법 없는 자에게는 내가 하나님께는 율법 없는 자가 아니요 도리어 그리스도의 율법 아래 있는 자나 율법 없는 자와 같이 된 것은 율법 없는 자들을 얻고자 함이라 약한 자들에게는 내가 약한 자와 같이 된 것은 약한 자들을 얻고자 함이요 여러 사람에게 내가 여러 모양이 된 것은 아무쪼록 몇몇 사람들을 구원코자 함이니 내가 복음을 위하여 모든 것을 행함은 복음에 참예하고자 함이라.

바울은 이 구절에서 5번이나 "얻는다"는 용어를 사용하고 있다. 그리고 이 구절을 마치면서 "아무쪼록 몇몇 사람들을 구원코자 함이니"라고 한다. 바울은 하나님께서 간증뿐만 아니라 사람들을 구원하기를 기대하셨다고 생각한 것인가?

그러나 문맥을 보면 그런 혼란은 사라진다. "율법 아래 있는 자들"이란 유대인들을 가리키고, "율법 없는 자들"이란 이방인을 가리킨다. 바울은 유대인으로서 그리스도께로 나아오면서 자기는 구약의 율법 아래 있지 않음을 알았다. 하지만 그가 율법을 지키지 않으면 어떤 유대인들에게는 걸림돌이 된다는 것도 알았다. 바울은 그들을 사랑했으므로 그들을 용납하고, 그들의 많은 절기를 지켰다. 그렇게 함으로써 유대인들과 이방인들을 그리스도께로 인도했다.

바울이 자유를 제한받더라도 사람들을 더 얻겠다고 말한 것은 사람들의 주목을 끌기 위한 것이었다. 어떤 주석가는 이렇게 설명했다. "바울은 자신을 유대인들의 감시 아래 내어 놓으면서까지 그들이 귀를 기울여 복음을 듣고, 그들을 그리스도께 인도하기를 원했다. 그렇지만 그는 복음의 본질에 대해서는 타협하지 않았다. 복음의 핵심은 믿음으로 말미암는 구원이지 공로나 법으로부터의 자유는 아니라는 것이다."[1] 이 구절에서 얻고 구원하는 것은 용납되고 듣는 것을 뜻하는 것이지, 어떤 유대인이나 이방인의 구원에 대해 하나님이 바울에게 책임을 지운다는 의미는 아니다.

어떤 이들은 이렇게 묻는다.

"그러면 '의인의 열매는 생명나무라 지혜로운 자는 사람을 얻느니라' 잠 11:30는 구절은 무슨 뜻입니까? 나누는 것이 아니라 얻는 것에 강조를 두는 것 아닙니까?"

그러나 이 구절은 전도에 관한 것이 아니다. 여기서 "의인의 열매"란 의로운 사람이 다른 사람에게 행하는 선행을 의미한다. 그의 말과 행동과 교훈과 모범은 다른 사람들에게 힘이 된다. 그러므로 그가 하는 선행은 "생명나무"이다.

"지혜로운 자는 사람을 얻느니라"는 구절은 말 그대로 지혜로운 사람은 다른 사람들을 얻는다는 말이다. 이것은 다른 사람을 이용하여 이기심을 채우는 경우 등 나쁜 의미로도 사용되지만, 잠언에서는 좋은 의미로 사용된다. 지혜로운 사람은 사람들의 마음을 사로잡아 좋은 영향을 끼친다.

잠언 11:30은 의로 말미암는 열매를 이야기하는데, 지혜는 영향력이 있다고 가르친다. 의인의 열매는 다른 사람에게 긍정적인 영향력을 주는데, 그는 이것을 사용하여 사람들을 얻는다.

이 구절은 전도를 논하는 것은 아니지만, 전도에 적용할 수는 있다. 어

---

1. David K. Lowery, "1 Corinthians," in *The Bible Knowledge Commentary*, ed. John F. Walvoord and Roy B. Zuck (Wheaton, Ill.: Scripture Press Publications, Victor Books, 1983), 524.

떤 신자가 매력적이면 사람들은 그를 보고 그리스도께로 온다. 결론적으로 우리는 불신자들에게 "살아 있는 편지"가 되어야 한다. 그러나 이 구절을 불신자들을 구원하라는 하나님의 기대로 해석할 수는 없다.

사람들과 접촉하는 것은 우리 책임이지만, 회개는 그렇지 않다

예수님은 제자들에게 무엇을 명하셨나?

"오직 성령이 너희에게 임하시면 너희가 권능을 받고 예루살렘과 온 유대와 사마리아와 땅 끝까지 이르러 내 증인이 되리라" 행 1:8.

증인이란 자신이 알고 있는 바를 말하는 사람이다. 제자들은 자기들이 알고 있는 바를 말하면 되는 것이었다. 그들은 예루살렘에서부터 그리스도가 배척받고 못 박혀 죽은 도시까지 모든 것을 잘 알고 있었다. 그들은 거기서부터 유대 땅으로 나아가야 했다. 사마리아와 갈릴리를 포함한 이 지역은 팔레스타인을 의미했다. 그들은 거기서 다시 땅 끝까지 가야 했는데, 제자들에게 땅 끝은 로마를 의미했을지 모른다. 그곳은 제국의 수도로서 온 세상 사람들이 모이는 곳이었다. 유대 땅에서 로마까지는 직선거리로는 2,240km밖에 되지 않았다.

사도행전은 복음이 먼저 예루살렘에서 1-7장, 온 유대와 사마리아로 8-12장, 그리고 마지막으로 이방 지역까지 13-28장 퍼져 나간 것을 기록하고 있다.

주님의 명령에서 강조하는 것은 제자들이 불신자들에게 그리스도를 소개하는 것이지, 불신자들을 그리스도께로 데려오는 것이 아니다. 선포하는 것이 목적이지, 그 결과는 아니다. 제자들은 자신들이 아는 것을 고향에서부터 시작하여 땅 끝까지 전하면 되었다.

개인전도는 개인적 접촉 없이는 불가능하다. 그러기 때문에 예수님은 죄인들의 친구가 될 필요가 있다는 것을 모범적으로 보여 주신 것이다눅 15:2. 접촉하지 않고는 말을 할 수 없다. 우리는 사람들에게 나아가야 한다. 증인이 되어야 한다. 그러나 그런 접촉의 결과는 문제가 아니다. 성경이 강조하는 것은, 접촉 그 자체이지 회심은 아니다.

하나님은 열매가 아니라 충성심을 물으신다

고린도 교인들이 거짓 교사를 따라 파벌을 짓고 바울을 무시하자, 바울은 이렇게 말했다.

> 사람이 마땅히 우리를 그리스도의 일군이요 하나님의 비밀을 맡은 자로 여길지어다 그리고 맡은 자들에게 구할 것은 충성이니라 너희에게나 다른 사람에게나 판단받는 것이 내게는 매우 작은 일이라 나도 나를 판단치 아니하노니 내가 자책할 아무것도 깨닫지 못하나 그러나 이를 인하여 의롭다 함을 얻지 못하노라 다만 나를 판단하실 이는 주시니라고전 4:1-4.

사역자들은 하나님의 종이다. 그들은 하나님의 진리를 맡은 사람으로서 받은 것을 나누어준다. 진리를 나누어줌에 있어서 그들의 책임은 무엇인가? 그것은 바울이 설명했듯이 "충성"이다. 바울은 "맡은 자들에게 구할 것은 '열매'"라고 하지 않았다. 장래에 주님 앞에 섰을 때에라야 우리는 자신이 얼마나 일관성 있게 믿음을 지켰는지 알게 될 것이다. 그 외에는 아무도 최종 판단을 내릴 수 없다. 바울은 "다만 나를 판단하실 이는 주시니라"고 했다.

사람이 얼마나 충성했는지 주님이 판단하실 것이라는 사실은, 바울이 앞장에서 고린도교회의 분파를 꾸짖은 사건에 의미를 더해 준다. 그는 자신과 아볼로는 각각 하나님께 쓰임받아 교회를 개척하고 성장시켰다고 강조한다.

> 그런즉 아볼로는 무엇이며 바울은 무엇이뇨 저희는 주께서 각각 주신 대로 너희로 하여금 믿게 한 사역자들이니라 나는 심었고 아볼로는 물을 주었으되 오직 하나님은 자라나게 하셨나니 그런즉 심는 이나 물 주는 이는 아무것도 아니로되 오직 자라나게 하시는 하나님뿐이니라 심는 이와 물 주는 이가 일반이나 각각 자기의 일하는 대로 자기의 상을 받으리라 고전 3:5-8.

바울은 교회를 개척했다. 아볼로는 바울이 떠난 후 뒤를 이어 사역했다. 이 두 사람은 모두 주님께 쓰임받았다. 우리의 책임은 무슨 일을 하든지 충성하는 것이다. 하나님은 우리 수고에 상급을 주실 것이다. 열매를 맺는 일은 하나님의 소관이다.

씨 뿌리고 거두는 원리를 생각해 보라

충성심이 논점이라는 것을 이해하는 것이 왜 중요한가? 앞장에서 보았듯이, 때때로 누군가 복음의 씨를 뿌리고, 다른 사람이 그 결실을 거둔다. 그리스도는 사마리아를 방문하면서 "그런즉 한 사람이 심고 다른 사람이 거둔다 하는 말이 옳도다 내가 너희로 노력지 아니한 것을 거두러 보내었노니 다른 사람들은 노력하였고 너희는 그들의 노력한 것에 참예하였느니라" 요 4:37-38고 하셨다. 주님은 겨우 사마리아에 이틀밖에 계시지 않았고 기적을 행하지도 않으셨으나, 희어져 추수하게 된 밭을 보고 계셨다. 분명히 구약의 선지자들과 세례 요한의 사역은 열매가 있었다.

그리스도는 제자들에게 씨를 뿌리는 자와 거두는 자 모두 상을 받을 것이라고 확신을 주셨다.

한 여성이 우리 사무실로 장거리 전화를 걸었다. 어떤 사람이 문 앞에 전도지부록을 보라를 두고 갔는데, 그 전도지를 읽고 그리스도를 믿게 되었다고 했다. 그 전도지를 구하고 싶어서 전도지 뒤에 적힌 전화번호를 보고 전화한 것이었다. 그 여인은 복음을 깨닫고 너무 기뻤고, 다른 사람들도 복음을 알기 원했다. 분명 그 전도지를 두고 간 사람은 자신이 무슨 일을 했는지, 얼마나 큰 일을 했는지 알지 못할 것이다. 그러나 이 여인이 이렇게 복음에 반응한 것은 이전에 이미 누군가가 복음의 씨앗을 뿌렸다는 것이다. 그리고 이제 그것이 결실을 맺은 것이다. '마지막' 사람은 자신이 무슨 일을 했는지 알지 못하겠지만, 한 사람을 주님께로 이끄는 일에 사용된 사람들은 모두 상급을 받을 것이다.

그리스도만이 잃어버린 사람을 돌아오게 하신다

잃어버린 사람을 그리스도께 돌아오게 하는 일은 하나님의 손에 달려 있다. 결코 그의 종들의 손에 달려 있는 것이 아니다. 예수님은 "나를 보내신 아버지께서 이끌지 아니하면 아무라도 내게 올 수 없으니 오는 그를 내가 마지막 날에 다시 살리리라"요 6:44고 하셨다. 그리스도는 되풀이하여 이것을 강조하시며 "이러하므로 전에 너희에게 말하기를 내 아버지께서 오게 하여 주지 아니하시면 누구든지 내게 올 수 없다 하였노라" 65절고 하신다. 사람들은 죄의 함정에 깊이 빠져서 하나님이 그들을 인도하시지 않으면 소망이 없다.

왜 그런가? 그들은 눈이 멀었다. "이 세상 신이 믿지 아니하는 자들의 마음을 혼미케 하여 그리스도의 영광의 복음의 광채가 비취지 못하게 함이니 그리스도는 하나님의 형상이니라" 고후 4:4.

하나님은 그들의 눈에서 베일을 걷어내야 하셨다. 그렇게 하지 않고는 볼 수가 없기 때문이다. 이 일은 설교자든지, 간증하는 사람이든지, 사람을 통해 하실 수 있다. 그러나 궁극적으로는 그리스도의 일이다. 도구는 베일을 걷는 수단일 뿐이다. 눈을 뜨게 하는 능력은 없다. 능력은 그분에게 속한 것이다.

복음을 명쾌하게 제시하는 것이 우리의 책임이다

사람들을 그리스도께로 돌아오게 하는 일은 하나님의 책임이다. 우리는 단지 사람들에게 그리스도를 소개만 하면 된다. 우리가 책임감을 가져야 할 부분은 복음을 명쾌하게 제시하는 것이다.

그리스도는 십자가 위에서 "다 이루었다" 요 19:30고 선언하셨다. 주님은 거룩하신 하나님 앞에서 죄에 대한 하나님의 노를 멈추기 위해 할 수 있는 것을 다 하셨다. 우리 죗값은 완전히, 끝까지 다 해결되었다. 그분만으로 우리 죄는 다 없어졌다. 천국에 가기 위해 그리스도를 믿는 것 외에 다른 것(선행, 종교활동 등)을 더할 필요가 없다. 그리스도만으로 구원을 얻는다.

우리는 복음을 명쾌하게 제시하고, 그리스도는 성령을 통해 복음을 깨닫게 하신다. 하나님은 우리가 제시하는 명쾌한 복음을 사용하셔서 불신자들이 자신의 상태를 깨닫고, 처방을 알고, 그리스도를 의탁해야 할 필요를 느끼게 하신다. 전도할 때에 항상 "복음을 명쾌하게 제시해야 한다"를 명심해야 한다.

결론

기억하라. 하나님께서는 우리에게 사람을 만날 책임은 주시지만, 그 사람의 회개를 책임지라고 하시지는 않는다. 우리는 잃어버린 자들에게 그리스도를 소개하는 특권을 갖고 있으니, 그들이 주님을 의지하는 것은 그분의 책임이다.

우리는 잃어버린 자들에게 효과적으로 다가갈 수 있는 법을 배운다. 그러나 큰 무리가 반응한다 해도 하나님이 인도하시는 것이지, 우리가 그렇게 하는 것은 아니다. 우리의 책임은 잃어버린 자들이 그리스도를 의지하도록 복음을 명쾌하게 제시하는 것이다. 복음을 듣고 그들이 어떻게 반응하느냐는 우리 책임이 아니라 하나님의 책임이다.

하나님은 우리를 통해 회개한 사람의 수를 세지 않으신다. 그분은 우리가 얼마나 충성했는지 살피시고, 우리 수고에 상급을 주신다. 결과는 우리 손이 아니라 그분의 손에 달려 있다.

부록

"질문 하나 해도 될까요?"

이 전도지는 수많은 사람들에게 그리스도를 전하는 데 유용하게 사용되고 있다.
전화(1-800-947-7359) 또는 온라인(www.evantell.org)으로 신청할 수 있다.
이 소책자의 내용에 관해 궁금한 점이 있으시면 아래로 연락하십시오

P.O. Box 741417, Dallas, TX 75374, USA

혹시 누가 성경을 가지고
당신이 어떻게 천국에 갈 수 있는지를
확실히 **알도록** 설명해 준 적이 있습니까?

제가 말씀드려도 될까요?

성경은
나쁜 소식과 **좋은 소식**을
모두 담고 있습니다.

나쁜 소식은 **당신**에 대한 것입니다.

좋은 소식은 **하나님**에 대한 것입니다.

우선 나쁜 소식을 먼저 살펴보도록 하죠……

나쁜 소식 1

당신은 죄인입니다.

로마서 3:23은 "모든 사람이 죄를 범하였으매 하나님의 영광에 이르지 못하더니"라고 말해 줍니다.

"죄를 범하였다"는 말은 우리가 표적을 맞추지 못했다는 말입니다. 우리가 거짓말하고, 미워하고, 음욕을 품고, 험담할 때 우리는 하나님이 세우신 기준에 이르지 못한 것입니다.

당신과 제가 각자 돌을 던져서 북극을 맞추려 한다고 생각해 보십시오. 당신은 저보다 더 멀리 던질지도 모르지만 우리 중 아무도 북극을 맞추지는 못할 것입니다.

성경이 "모든 사람이 죄를 범하였으매……이르지 못하더니"라고 말한 의미는 우리 중 아무도 하나님의 완전함의 기준에 이르지 못했다는 것입니다.

생각과 말, 그리고 행동에 있어서 우리는 완전하지 못했습니다.

그러나 나쁜 소식은 더 심각해집니다……

나쁜 소식 2

죄의 대가는 사망입니다.
로마서 6:23은 "죄의 삯은 사망이요"라고 말합니다.

당신이 만일 저를 위해 일해준 대가로 제가 당신에게 5만 원을 지불했다고 생각해 봅시다. 그 5만 원은 당신의 품삯입니다. 그것은 당신이 번 것입니다.

성경은 우리가 죄를 지음으로써 사망을 대가로 얻었다고 말합니다. 그 말은 우리가 죽어야 마땅하고 하나님으로부터 영원히 분리되어야 한다는 뜻입니다.

그러나……

우리가 하나님께
갈 수 없기 때문에
하나님께서
우리에게 오셨다고
성경은 말합니다!

좋은 소식 1

그리스도께서 당신을 위해서 죽으셨습니다.

로마서 5:8은 "우리가 아직 죄인 되었을 때에 그리스도께서 우리를 위하여 죽으심으로 하나님께서 우리에게 대한 자기의 사랑을 확증하셨느니라"고 말합니다.

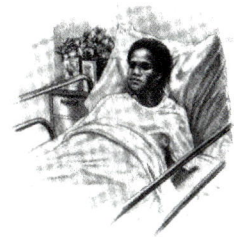

만약 당신이 암에 걸려 병원에서 죽어가고 있을 때 제가 당신 몸에 있는 암세포를 모두 제 몸에 옮겨 놓는다면

- 저는 어떻게 되겠습니까?
- 또 당신은 어떻게 되겠습니까?

저는 당신을 위해서 당신 대신 죽게 될 것입니다.

성경은 우리가 죄로 인해 받아 마땅한 대가를 그리스도 자신이 받으시고 우리를 대신하여 죽으셨다고 말하고 있습니다.

삼 일 후에 그리스도께서는 다시 살아나셨습니다. 그로써 죄와 사망은 정복되었으며 자신이 하나님이라고 한 그분의 주장은 사실임이 증명되었습니다.

나쁜 소식이 더 나빠졌듯이
좋은 소식도 더 좋아지게 됩니다!

좋은 소식 2

당신은 그리스도를 믿음으로써 구원받을 수 있습니다.

에베소서 2:8-9은 "너희가 그 은혜를 인하여 믿음으로 말미암아 구원을 얻었나니 이것이 너희에게서 난 것이 아니요 하나님의 선물이라 행위에서 난 것이 아니니 이는 누구든지 자랑치 못하게 함이니라"고 말합니다.

믿음이란 신뢰를 의미합니다.

문 : 무엇에 대하여 그리스도를 신뢰해야 합니까?

답 : 당신의 죄를 용서해 주시고 당신에게 영생을 주신 것에 대해서 오직 그를 의지해야 합니다.

당신이 전혀 손대지 않았으나 의자가 당신의 몸을 받쳐줄 것을 신뢰하듯이, 당신은 전혀 노력하지 않았으나 예수 그리스도께서 당신을 천국에 가게 해주실 것을 신뢰해야 합니다.

그러나 당신은

"나는 신을 믿습니다."
"나는 가난한 자를 돕습니다."
"나는 선한 사람입니다."
"나는 교회에 출석합니다."
"나는 도둑질을 안 합니다."

라고 말할지도 모릅니다. 이 모든 것은 다 좋습니다. 그러나 선한 생활이라든지, 교회 출석이라든지, 가난한 이들을 구제한 것이라든지, 그 외 좋은 일들을 한다 할지라도 그것들이 당신을 천국으로 갈 수 있게 해주는 것은 아닙니다.

오직 예수 그리스도만을 신뢰해야만 하나님께서 당신에게 영생을 선물로 주시는 것입니다! 이 점이 이해가 되십니까?

지금 당장 그리스도를 신뢰하지 못할 이유가 있습니까?

1. _____
2. _____
3. _____

주의깊게 생각해 보십시오. 그리스도를 신뢰하는 것보다 더 중요한 것은 없습니다.

당신은 지금 하나님의 아들이 **당신의 구세주이심을 신뢰하고 있다고 말하고 싶습니까?**

그렇다면, 지금 하나님께 당신이 하나님의 아들을 신뢰한다고 기도드리지 않겠습니까?

기억하십시오!

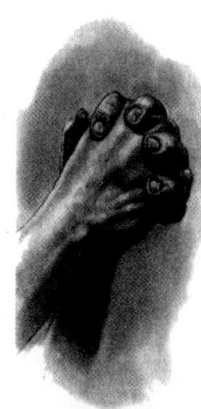

당신을 구원하는 것은 기도가 아닙니다. 당신을 구원하는 것은 예수 그리스도를 신뢰하는 믿음입니다. 기도는 단지 당신이 무엇을 하고 있는지를 하나님께 말씀드리는 방편입니다.

"하나님, 저는 제가 형벌을 받아 마땅한 죄인인 것을 압니다. 저는 그리스도께서 저를 위해 죽으시고 무덤에서 다시 사신 것을 믿습니다. 저는 오직 예수 그리스도만을 저의 구세주로 믿습니다. 지금 제게 용서와 영생을 갖게 해주셔서 감사합니다. 예수님 이름으로 기도합니다. 아멘."

바로 지금 어떤 일이 일어났습니까?

요한복음 5:24은 "내 말을 듣고 또 나 보내신 이를 믿는 자는 영생을 얻었고 심판에 이르지 아니하나니 사망에서 생명으로 옮겼느니라"고 설명합니다.

당신은 하나님의 말씀을 **"들었습니까?"**
당신은 하나님께서 말씀하신 것을 **"믿고"**
그리스도를 당신의 구세주로 신뢰합니까?
"영생을 얻었고" 라는 말은 나중을 의미합니까,
아니면 바로 지금을 의미합니까?
"심판에 이르지 아니하나니" 라고 말하고 있습니까,
아니면 이르지 않을지도 모른다고 말합니까?
이미 **"사망에서 옮겼다"** 고 말합니까,
아니면 앞으로 "옮겨질 것"이라고 말합니까?

영생은 느낌이 아니라 사실에 근거한 것입니다. 오늘 요한복음 5:24을 외우십시오.

이제는 무엇을 해야 합니까?

천국에 가는 유일한 길로 그리스도를 신뢰한 후에 그분과의 관계가 자랄 수 있는 방법은 다음과 같습니다.

- 당신의 마음을 기도로 하나님께 말씀하십시오(빌립보서 4:6-7).
- 매일 성경을 읽으십시오(디모데후서 3:16-17).
  빌립보서부터 시작하십시오.
- 지역교회에서 그리스도인들과 예배를 드리십시오(히브리서 10:24-25).
- 예수 그리스도를 다른 사람들에게 전하십시오(마태복음 4:19).

이 소책자가 도움이 되셨다면 다른 사람과도 나누시기 바랍니다.

생명의말씀사

사 | 명 | 선 | 언 | 문

> 너희가 흠이 없고 순전하여   세상에서 그들 가운데 빛들로
> 나타내며 생명의 말씀을 밝혀 (빌 2:15-16)

1. 생명을 담겠습니다.
만드는 책에 주님 주신 생명을 담겠습니다.
그 책으로 복음을 선포하겠습니다.

2. 말씀을 밝히겠습니다.
생명의 근본은 말씀입니다.
말씀을 밝혀 성도와 교회의 성장을 돕겠습니다.

3. 빛이 되겠습니다.
시대와 영혼의 어두움을 밝혀 주님 앞으로 이끄는
빛이 되는 책을 만들겠습니다.

4. 순전히 행하겠습니다.
책을 만들고 전하는 일과 경영하는 일에 부끄러움이 없는
정직함으로 행하겠습니다.

5. 끝까지 전파하겠습니다.
모든 사람에게, 땅 끝까지, 주님 오시는 그날까지
복음을 전하는 사명을 다하겠습니다.

생명의말씀사 서점안내

광화문점 110-061 종로구 신문로1가 58-1 구세군 회관 2층
TEL. (02) 737-2288 / FAX. (02) 737-4623

강 남 점 137-909 서초구 잠원동 75-19 반포쇼핑타운 3동 2층 전관
TEL. (02) 595-1211 / FAX. (02) 595-3549

신 촌 점 121-806 마포구 노고산동 107-1 동인빌딩 8층
TEL. (02) 702-1411 / FAX. (02) 702-1131

구 로 점 152-880 구로구 구로3동 1123-1 3층
TEL. (02) 858-8744 / FAX. (02) 838-0653

분 당 점 463-824 경기도 성남시 분당구 서현동 269-5 서원프라자 서현문고 서관 4층
TEL. (031) 707-5566 / FAX. (031) 707-4999

일 산 점 411-370 경기도 고양시 일산구 주엽동 83번지 레이크타운 지하 1층
TEL. (031) 916-8787 / FAX. (031) 916-8788

의정부점 484-010 경기도 의정부시 금오동 470-4 성산타워 3층
TEL. (031) 845-0600 / FAX. (031) 852-6930

파 주 점 413-012 경기도 파주시 금촌 2동 68번지 송운빌딩 2층
TEL. (031) 943-6465 / FAX. (031) 949-6690

인터넷서점

http://www.lifebook.co.kr